BOTONES, BANCOS, BRÚJULAS

PAIDÓS ORÍGENES

Últimos títulos publicados:

CHIARA FRUGONI

BOTONES, BANCOS, BRÚJULAS

y otros inventos de la Edad Media.

Título original: *Medioevo sul naso. Occhiali, botón e altre invenzioni medievali*, de Chiara Frugoni
Originalmente publicado en italiano por Editori Laterza, Roma, en 2001
Esta traducción ha sido publicada por acuerdo con Gius. Laterza & Figli SpA, Roma-Bari.

Traducción de Carlos Gentile Vitale

Cubierta de IDEE

© 2001, Gius. Laterza & Fligi
© 2008 de la traducción, Carlos Gentile Vitale
© 2008 de todas las ediciones en castellano,
  Ediciones Paidós Ibérica, S.A.,
  Av. Diagonal, 662-664 - 08034 Barcelona
  www.paidos.com

ISBN: 978-84-493-2172-6
Depósito legal: NA-2465-2008

Impreso en Rodesa (Rotativas de Estella, S.L.)
Villatuerta, Navarra

Impreso en España - *Printed in Spain*

Sumario

Premisa

¿Qué le debemos a la Edad Media? Intento enumerar algunos vocablos: las gafas, el papel, la filigrana, el libro, la imprenta de caracteres móviles, la universidad, los números árabes, el cero, la fecha del nacimiento de Cristo, la banca, notarios y montepíos, el árbol genealógico, el nombre de las notas musicales y la escala musical.

La Edad Media nos da los botones, las calzas y los pantalones. Nos divierte con los juegos de cartas, el tarot, el ajedrez y el carnaval. Palía el dolor con la anestesia, nos ilusiona con los amuletos (pero el coral, que protege a los niños, y nos preserva del rayo, ayuda también a desgranar el rosario). Trajo, a la casa, el gato, los cristales a las ventanas y la chimenea. Nos hace sentarnos a la mesa (los romanos comían recostados) y comer, con el tenedor, la pasta tan amada, para ser precisos los macarrones y los fideos, cuya harina es incansablemente molida por los molinos de agua y de viento. Supo aprovechar la fuerza motriz del agua poniendo en movimiento lagares y serrerías, batanes para telas, molinos de papel y de harina. Descubrió otra extraordinaria fuerza motriz: el caballo, al que proveyó de herraduras, de estribo y de collar rígido, para que el animal pudiera tirar sin verse sofocado por el peso. Alivió el esfuerzo humano con la carretilla, volvió más seguro el camino de los navegantes con la brújula y el timón. En la batalla hizo flamear las banderas con emblemas de colores y resonar el fragor de la pólvora, los fusiles y los cañones. Cambió nuestro sentido del tiempo, en esta tierra, con el reloj de escape, introduciendo las horas de igual longitud y ya no dependientes de las estaciones. Modificó nuestro sentido del tiempo, en el más allá, porque hizo emerger un tercer reino, el purgatorio, que rompió los destinos inmutables de la eternidad. Por último, hizo que los niños soñaran con Papá Noel.

Este libro no tiene la pretensión de agotar todos los inventos medievales, de encontrar todas las locuciones, los proverbios y las costumbres de aquel pasado que vive cada día con nosotros: al igual que quien coge las flores en primavera no despoja un campo multicolor. Mi ramito quiere ser un homenaje a la Edad Media, a las numerosas mejoras de las que aún hoy disfrutamos. He seguido un hilo narrativo, apoyándome en la belleza de las imágenes y de los textos medievales. Espero que induzcan a compartir, quizá con sorpresa, mi gratitud.

CHIARA FRUGONI
15 de marzo de 2001,
cumpleaños de Nini (Giovanni), mi hermano
(1945-1970)

Capítulo 1

Leer y contar

EL ARTE DE HACER GAFAS

Cada mañana, desde hace algunos años, el primer gesto que realizo cuando me despierto me devuelve al mundo tal como se me aparecía hace veinte años, grata de la bellísima invención medieval: las gafas. También Petrarca se las ponía, pero con muy distinto humor. En la carta *A la posteridad* (correspondiente a los acontecimientos de su vida en 1351) se describe así:

> No me jacto de haber tenido una gran belleza, pero en la juventud podía agradar: de color vivo, entre blanco y moreno, ojos vivaces y durante mucho tiempo de una grandísima agudeza, que contra toda expectativa me traicionó, pasados los sesenta, obligándome a recurrir con renuencia a la ayuda de las lentes.[1]

No sabemos si lo que contrariaba a Petrarca era un problema estético, la incomodidad de tener apretada en la nariz una especie de *pince-nez*

---

1. F. Petrarca, *Prose*, al cuidado de G. Martelloti, P. G. Ricci, E. Carrara, E. Bianchi, Ricciardi, comps., Milán-Nápoles, 1955, con texto latino al frente, págs. 2-3, *Posteritati*: «Forma non glorior excellenti, sed que placere viridioribus annis esset: colore vivido inter candidum et subnigrum, vivacibus oculis et visu per longum tempus acerrimo, qui preter spem supra sexagesimum etatis annum me destituit, ut indignanti michi ad ocularium confugiendum esset auxilium».

—como veremos, durante mucho tiempo, las gafas carecieron de patillas—, la imperfección de las lentes para corregir la presbicia, o la cons-
tatación, al tener que doblegarse al instrumento, del acoso de la edad.[2]

Petrarca nació en 1304: un año después, Giordano da Pisa, durante un sermón en Santa Maria Novella, en Florencia, habría anunciado,
lleno de entusiasmo, la maravillosa y reciente invención:

> No hace aún veinte años que se encontró el arte de hacer gafas, que
> hacen ver bien, que es una de las mejores artes y de las más necesarias
> que el mundo tenga, y hace tan poco que se encontró: arte nuevo, que
> nunca existió. Y dijo el lector: yo vi a aquel que primero la encontró e hi-
> zo, y hablé con él.[3]

Es evidente la alegría del docto dominico, compartida por sus hermanos y por todos aquellos que dependían de los libros: con el nuevo
hallazgo ya no estaban obligados a interrumpir sus actividades con el
paso de los años.

Los sermones de Giordano nos han llegado gracias a los fieles re-
copiladores que los transcribieron tal como los escucharon. ¿En este
caso, quiso el devoto copista, con la frase «Y dijo el lector [...]» (de *lector*, enseñante, teólogo), añadir una precisión indicando como testigo
del inventor a Giordano, *lector* en Florencia, o a un docto compañero
suyo, presente en el sermón?[4] No es una cuestión del todo ociosa, por-

---

2. Imagino que *Magister Florentius*, al que se debe, por ejemplo, la «Segunda Biblia de León», completada en 960, habría juzgado a Petrarca ingrato respecto de quien
le ofrecía un tan buen remedio, si podemos leer su triste reflexión: «¡[...] qué pesado y
molesto es escribir! Dejar que la oscuridad descienda sobre los ojos, encorvar la espal-
da, torcer el vientre y las costillas, llenar de dolores los riñones y de fatiga el cuerpo entero»: no es casual que la pérdida de la vista esté en el primer lugar de la lista de las cau-
sas desgastantes. En *Magister Florentius*: W. Cahn, *La bible romane*, Friburgo (Suiza),
Office du Livre, 1982, pág. 66 y Ch. Klapisch-Zuber, *L'ombre des ancêtres, essai sur l'i-
maginaire médiéval de la parenté*, París, Fayard, 2000, pág. 82 (que reproduce el pasaje
citado) : «Nam si velis scire singulatim, nuntio tibi quam grave est scribere pondus.
Oculis caliginem facit, dorsum incorbat, costas et ventrem frangit, renibus dolorem im-
mittit et omne corpus fascidium mutrit».

3. Giordano da Pisa, *Quaresimale fiorentino 1305-1306*, edición crítica a cargo de
C. Delcorno, Florencia, Sansoni, 1974, sermón XV, (23 de febrero de 1305), pág. 75.

4. «Y dijo para sus adentros Giordano: "Uno de éstos que se bautizan [un judío]
fue fraile, compañero mío, y varias veces estuve con él, y era una persona letrada y era
lector de Nápoles"»: [Giordano da Pisa], *Prediche del beato Giordano da Rivalto*, a car-

que, como veremos, también será utilizada en la disputa relativa a la identidad y a la patria del inventor.

Había sido otro dominico, que como Giordano vivía en el convento de Santa Catalina, en Pisa, quien había aprendido a fabricar gafas: Alessandro della Spina, fallecida en 1313. Dice la necrológica contenida en la *Chronica antiqua* del mismo convento:

> Fray Alessandro della Spina, hombre bueno y modesto, estaba en condiciones de rehacer todo lo que veía («quae vidit oculis facta, scivit et facere»). Él mismo fabricó las gafas, que otro había ideado antes, pero sin querer comunicar el secreto. Alessandro, en cambio, contento y muy disponible, enseñó a todos la manera de hacerlo.[5]

Aquí debemos detenernos un momento porque las palabras de Giordano y de la *Chronica*, pasadas por el tamiz de la docta mala fe de dos eruditos del siglo XVII, a menudo hábilmente distorsionadas, desencadenaron tal aluvión de hipótesis, en vez de certezas, sobre el presunto inventor de las gafas —en parte aún aceptadas por los estudiosos de principios del siglo XX y contemporáneos—,[6] que es necesario poner un poco de orden. Nos guía Edward Rosen,[7] que ha recorrido toda la

---

go de D. Moreni, Florencia, Magheri, 1831, vol. II, pág. 231, sermón LX, (9 de noviembre de 1304, Florencia). La duda me surgió porque nunca había leído sermones de Giordano en los que éste apareciera como «lector». En cambio, Edward Rosen está seguro de la identidad de Giordano «lector», pero no aporta ni siquiera un ejemplo en apoyo de su tesis: «The invention of eyeglasses», *Journal of the History of Medicine and allied Sciences*, vol. XI, n° 1, 1956, págs. 13-47, págs. 31-34.

5. «Chronica antiqua conventus Sanctae Catharinae de Pisis», F. Bonaini, comp., en *Archivio Storico Italiano*, vol. VI, pte. 2, sec. III (1845), págs. 399-593, pág. 476: «Frater Alexander de Spina, vir modestus et bonus, quae vidit oculis facta, scivit et facere. Ocularia ab aliquo primo facta, communicare nolente, ipse fecit, et omnibus communicavit corde hilari et volente». La alabanza continúa así : «Cantare, scribere, miniare, et omnia scivit quae manus mechanicae valent. Ingeniosus in chorporalibus [Bonaini trascribe, por error, *choralibus*] in domo Regis aeterni fecit suo ingenio mansionem». La enmienda es de Rosen, «The invention of eyeglasses», *op. cit.*, pte. II, págs. 183-218, pág. 210. La *Chronica* fue iniciada por el dominico Bartolomeo da San Concordio, fallecido en 1347, y continuada por sus cofrades: Rosen, *The invention of eyeglasses, op. cit.*, pág. 20.

6. M. Gilson, *Histoire des lunettes*, en «Bulletin de la Société Belge d'Ophtalmologie», CCLXIV (1997/1), págs. 7-13, pág. 7, 1997/1.

7. Por desgracia, Rosen, al escribir para un público anglófono, no reproduce nunca los pasajes en el original italiano o latino.

intrincada historia, haciendo una escabechina de mentiras premeditadas, y también —no sin una cierta puntillosa complacencia— de un cúmulo de errores involuntarios y distracciones transmitidos en cadena desde el siglo XVII hasta nuestros días.

El primero en recordar a Alessandro della Spina y la *Chronica antiqua* de Santa Catalina fue el literato y científico Carlo Roberto Dati (1619-1676), discípulo de Galileo. En su ensayo titulado *Invenzione degli occhiali, se sia antica o no; e quando, dove, e da chi fossero inventati? Veglia*, dedicada *all'illustrissimo Francesco Redi*,[8] Dati finge que un imaginario interlocutor recuerda cuando «de joven, yendo a Pisa a estudiar leyes, más por exigencia ajena, que por *su* genio», pasaba con gusto el tiempo en la biblioteca a la caza de manuscritos. Entre éstos cita el pasaje de nuestra *Chronica*, pero con una significativa variante: Alessandro della Spina aprendía en seguida «todo lo que *oía decir*, o veía hacer». Y prosigue: «Habiéndose dado el caso de que quien había inventado las gafas no quería comunicar a los demás su invención, él por sí mismo las fabricó, y de buen grado a todos hizo partícipes de ellas». Por tanto, el buen fraile no se habría limitado a copiar con inteligencia el objeto que tenía bajo los ojos, sino que en cierto sentido habría sido el inventor, o al menos el reinventor, porque estuvo en condiciones de producir el nuevo instrumento basándose en un mero relato. El imaginario interlocutor suponía que el autor de la invención era verosímilmente pisano, pero no dejaba de apuntar que también Alessandro della Spina era de familia pisana: de este modo, Pisa se apropiaba del honor de ser la patria del inventor.

Dati no había visto personalmente el manuscrito de Santa Catalina, pero se había fiado de la trascripción de su amigo Francesco Redi, famoso científico y escritor, quien el 26 de febrero de 1674 le había mandado el pasaje deliberadamente alterado. En efecto, Redi había sustituido la frase: «Quae vidit oculis facta, scivit et facere» («sabía rehacer cualquier cosa que hubiera visto») por: «Quaecumque vidit aut audivit facta scivit et facere» («sabía rehacer cualquier cosa que hubiera visto o hubiera oído describir»),[9] para dar mayor gloria a Alessandro della

8. Para este pasaje: G. Targioni Tozzetti, *Notizie degli aggrandimenti delle scienze fisiche accadute in Toscana nel corso di anni LX del secolo XVII*, Florencia, G. Bouchard, 1780, vol. II, págs. 49-62, publicación nº XI, pág. 59.
9. F. Redi, *Opere*, Milán, Società Tipografica de' Classici italiani, 1809-1811 (Classici italiani, vol. 169-177), vol. VII, pág. 254.

Spina, capaz de ver con los ojos de la mente. Redi no era nuevo en estas falsas erudiciones, y desde luego debió de sentir un gran placer al engañar, a través de su amigo, a todo el círculo de los sabios.[10]

Sin embargo, tampoco Dati se puede decir inocente, porque voluntariamente omitió la noticia que le venía de una carta anterior de Redi, del 8 de noviembre de 1673, en la cual su amigo, aun afirmando que citaba siempre la *Chronica antiqua* (mientras que, en cambio, copiaba los *Annales conventus Sanctae Catharinae de Pisis ordinis praedicatorum*),[11] había especificado perfectamente que Alessandro della Spina había rehecho las gafas, aunque nadie le había enseñado, lisa y llanamente, porque había visto un ejemplar, venciendo la resistencia del primer anónimo inventor a comunicar su secreto.[12]

¿Por qué esta omisión? Porque Dati, que conocía a Galileo Galilei desde joven y lo admiraba públicamente, a pesar de la condena inquisitorial, quiso crear en su ensayo una cautivadora analogía para enmarcar dignamente el relato del descubrimiento del telescopio por parte del gran astrónomo.[13] En efecto, en la *Veglia* se recuerda que Galileo, habiéndose enterado de que al conde Mauricio de Holanda lo habían obsequiado con un telescopio, sin ninguna otra ayuda («y nada más») estuvo en condiciones «según esta sencillísima información»[14] de fabricar el instrumento: tal como Spina, que no habría necesitado modelo alguno.

A la muerte de Dati, en 1676, Redi publicó una *Carta en torno a la invención de las gafas*, donde repitió la comparación Spina-Galileo y

10. Para una sorprendente lista de las falsedades de Redi: Rosen, «The invention of eyeglasses», *op. cit.*, pág. 16.
11. Fueron compilados a mediados del siglo XVII por un fraile anónimo que amplió la *Chronica*: *ibid*, pág. 20.
12. «Frater Alexander Spina manibus suis quidquid voluisset operabatur, ac charitate Victus aliis communicabat. Unde, cum tempore illo quidam vitrea specilla, quae ocularia vulgus vocat, primus adinvenisset, pulchro sane, utili ac novo invento, neminique vellet artem ipsam conficiendi comunicare, hic bonus vir artifex, *illis visis*, statim nullo docente didicit, et alios qui scire voluerunt docuit. Canebat modulate, scribebat eleganter, et descriptos libros picturis, quas minia appellant, ornabat. Nullam prorsus manualium artium ignoravit»: Bonaini, *Chronica*, *op. cit.*, pág. 477; Redi, *Opere*, *op. cit.*, vol. V, págs. 82-83.
13. Como supone justamente Rosen, «The invention of eyeglasses», *op. cit.*, págs. 24-25.
14. Targioni Tozzetti, *Notizie*, *op. cit.*, pág. 51.
15. Rosen, «The invention of eyeglasses», *op. cit.*, pág. 25; Redi, *Opere*, *op. cit.*, vol. II, pág. 260.

naturalmente el fraudulento pasaje de la *Chronica*.[15] Pero no se detuvo
aquí, sino que se puso manos a la obra con una nueva y deliberada omisión: al reproducir el pasaje de Giordano da Pisa sobre la invención de
las gafas, cortó la frase: «Y dijo el lector: yo vi a aquel que primero la
encontró e hizo, y hablé con él». Sin embargo, Redi citaba de un manuscrito de los sermones de Giordano, entonces en poder de Filippo
Pandolfini, lingüista y estudioso de Dante, en el que la frase no está en
absoluto omitida.[16] Pero Redi, con una serie de desenfadados pases, había llegado a la conclusión de que *precisamente* Alessandro della Spina
«frater Pisanus» —aunque Pisa nunca *había sido* su ciudad natal—[17]
había sido el inventor de las gafas. Pero, en este caso, el «lector», quien-
quiera que fuese, Giordano mismo o un amigo fraile, no habría dejado
de decirlo: por tanto, mejor suprimir el incómodo comentario.

Sin embargo, la tentación de dar un rostro y una patria a semejante
benefactor era irresistible. Así, en 1684, el ardiente patriota florentino
Ferdinando Leopoldo Del Migliore, después de haber insinuado que
Alessandro della Spina podía ser, ¿por qué no?, conciudadano suyo,
rescataba finalmente del anonimato al verdadero y primer inventor, de
quien hallaba incluso el sepulcro en Florencia, en Santa Maria Maggiore: se trataba del noble Salvino degli Armati. Pero demos directamente
la palabra al autor, que había leído en un «*antiguo Registro de sepulturas*» de su propiedad (cuyo manuscrito nunca nadie pudo ver) que

> había otro documento que se estropeó en la restauración de esa iglesia,
> pero trascrito fielmente en nuestro antiguo Registro, tanto más grato en
> cuanto por medio de él nos enteramos de quién fue el inventor de las ga-
> fas, que fue un gentilhombre de esta patria, tan altamente ilustrada de in-
> genio en cualquier materia que requiera agudeza […] Éste fue el caballe-
> ro Salvino degli Armati, hijo de Armato, de noble estirpe […] Se veía la
> figura de este hombre, extendida sobre una gran lastra, vestido de paisa-
> no, y con letras en torno, que decían: + AQUÍ YACE SALVINO D'ARMATO
> DEGL'ARMATI DE FLOR. INVENTOR DE LAS GAFAS. DIOS LE PERDONE LE PE-
> CADOS. ANNO D. MCCCXVII. Éste es aquél no nombrado ni mencionado
> por la *Crónica* antigua manuscrita en el convento de los Padres Domini-
> cos de Pisa, citada por Francesco Redi […], donde se lee cómo fray Ales-

16. Se trata del mismo Pandolfini al que Dati, en la *Veglia*, introducía precisamente para dar noticia del sermón del dominico.

17. Rosen, «The invention of eyeglasses», *op. cit.*, pág. 194.

sandro della Spina, que vivió en esos mismos tiempos y que quizá fue florentino y no pisano, trataba de aprender la invención de hacer gafas de
alguien que, sabiéndola, no la quería enseñar, y que por sí mismo encontró el modo de elaborarlas.[18]

¿Cómo había procedido el sagaz erudito? Habiéndose percatado de
que en la *Chronica* pisana dominica el inventor no tenía nombre, para
cubrir la laguna se dirigió al verdadero y atendible *Registro de sepulturas* florentino de Stefano Rosselli, donde advirtió a un tal Salvino degli
Armati, del «pueblo» de Santa Maria Maggiore, donde la familia tenía
las casas (mientras que las tumbas se encontraban en Santa Maria Novella). El verdadero Salvino del *Registro de sepulturas* de Rosselli desaparece en torno a 1340: en el epitafio fallece, en cambio, en 1317, porque la fecha debía coincidir con la hipótesis de Redi, según la cual las
primeras gafas habían aparecido entre 1280 y 1311.[19]

La familia Armati casaba bien con las intenciones de Ferdinando
Leopoldo del Migliore, porque se había extinguido y porque nadie había trazado su genealogía.[20] Además, en Santa Maria Maggiore, por una
serie de continuas reconstrucciones, las pérdidas habían sido ingentes.
Por eso es del todo plausible la desaparición del monumento fúnebre.
Por otra parte, todas las bonitas noticias sobre Salvino eran atestiguadas por un documento segurísimo. ¡Lo poseía el celoso descubridor de
Salvino, que nunca se resolvió a enseñar el manuscrito a nadie!

Pero el patriótico falsario se reveló mediocre filólogo y llenó de errores el epitafio del candidato elegido: usó la palabra «inventor», desconocida a principios del siglo XIV, y para dar una pátina antigua a la lengua
imaginó un fantasioso «el pecados» en vez del correcto «los pecados».[21]

A pesar de estas dificultades, nuestro Salvino se demostró vitalísimo, amorosamente crecido en una numerosa familia de eruditos del siglo XVIII, alcanzando el siguiente siglo en plena forma. Con ocasión de

18. Isidoro Del Lungo, *Le vicende d'un'impostura erudite (Salvino degli Armati)*,
en «Archivio Storico Italiano», LXXVIII, 1920, págs. 5-53, pág. 14 (donde es reproducido el pasaje).
19. Del Lungo, *Le vicende, op. cit.*, pág. 17 y sigs.
20. Rosen, «The invention of eyeglasses», *op. cit.*, pág. 187 y sigs., reconstruye el
árbol genealógico de la familia.
21. Del Lungo, *Le vicende, op. cit.*, pág. 20; Rosen, «The invention of eyeglasses»,
op. cit., pág. 192.

un importante congreso, probablemente en 1841, recuperó también el rostro: su retrato —en realidad, un busto antiguo—, completado por una lápida que repetía el conocido epitafio, fue colocado en el claustro de Santa Maria Maggiore, en Florencia, y allí permaneció al menos hasta 1891, cuando Alinari, la famosa empresa especializada en reproducciones artísticas, lo fotografió. No mucho tiempo después, el claustro fue derrocado para construir una escuela. ¿Cómo llamarla? Naturalmente: ¡Escuela Salvino degli Armati! ¡Cuántos niños habrán sido incitados por sus profesores a admirar al descubridor de las gafas, cuántas redacciones se habrán escrito sobre semejante gloria florentina![22]

Entre tanto, mientras el edificio crecía, el busto y la lápida migraban al interior de la iglesia, a la capilla de los Orlandini del Beccuto: la lápida fue sustituida por una moderna («el pecados» fue sustituido por «los pecados»). El busto, encima de una ménsula, se vigilaba a sí mismo (como era inducido a pensar el visitante por las primeras palabras de la lápida: «Aquí yace...»): un difunto de mármol, del siglo XV (alguien de la familia Beccuto, como indica el emblema sobre el pecho), extendido cerrando un sarcófago, con la fecha de 1272. El sarcófago había sido retirado del claustro y mutilado para hacerlo coincidir con la tapa superior, tomada a su vez de la grada del altar de la capilla.[23]

La fortuna de Salvino se detuvo en torno a 1925, cuando la escuela cambió de nombre, quizá por el largo artículo de Isidoro Del Lungo, que cinco años antes había recorrido «Las vicisitudes de una impostura erudita» con apasionada indignación y gran sagacidad.[24] Desvanecido el pobre Salvino, ninguno de los numerosos candidatos propuestos ha resistido el examen de la crítica. Debemos resignarnos a homenajear a un inventor desconocido.

Desde luego, en Venecia, gran centro de producción del vidrio, ya a finales del siglo XIII las gafas se habían convertido en un objeto de uso corriente, ya que una ordenanza del 2 de abril de 1300, dirigida a los

---

22. G. Albertotti, «Note critiche e bibliografiche riguardanti la storia degli occhiali», en *Annali di Ottalmologia e clinica oculistica*, vol. XLIII, págs. 328-356, pág. 341 y sigs., 1914.

23. Del Lungo, *Le vicende, op. cit.*, págs. 43-50. En la pág. 46 un grabado con el estado del monumento en el interior de la iglesia de Santa Maria Maggiore. Hoy el retrato y el epígrafe han desaparecido, pero ha quedado el sarcófago.

24. Rosen, «The invention of eyeglasses», *op. cit.*, pág. 196.

trabajadores del vidrio y el cristal, les prohibía un fraude que debía de haberse difundido desde hacía tiempo: «Comprar o hacer adquirir, vender o hacer vender lentes comunes de vidrio no coloreado, haciendo creer que son cristal, como por ejemplo botones, mangos, discos para cilindros y para ojos ("roidi de botacelis et da ogli"), tablas para pinturas de altar y para cruces y lentes de aumento ("lapides ad legendum")».[25] Se preveía una multa y la confiscación y rotura del objeto. Que las gafas eran algo completamente distinto de las lentes de aumento nos asegura qué indican exactamente los objetos nombrados, y puesto que las palabras conservan aprisionadas, como los fósiles en el ámbar, su pasado, recordemos que el término *Brille*, gafas en alemán, deriva de «berillum»: así se indicaba el cristal en la Edad Media.

Hay que subrayar que las gafas fueron de verdad un gran descubrimiento: la lente de aumento, cóncava o convexa, permite que el présbite vea porque todo *aumenta* de medida. Las lentes biconvexas de las gafas, en cambio, suplen la insuficiente convexidad del cristalino del présbite y enfocan nítidamente los objetos *en su dimensión real*. Las gafas, por así decirlo, forman un cuerpo con el ojo; la lente, con el objeto.[26]

Para mejorar la percepción, antes aún que la lente, desde la Antigüedad los hombres habían recurrido al espejo, percatándose de que, si era cóncavo, devolvía una imagen ampliada, aunque invertida. Por eso para leer una página había que entrenarse. Un ejercicio, en definitiva, bastante fácil, común a los grabadores y, antes, a los tipógrafos.[27] Por lo demás, Leonardo da Vinci escribía al revés y sus escritos se leen

25. «MCCC, indicione XIII, die secundo aprilis, nos Raphael Natalis et Johannes De Fontana iusticiarii veteres ordinamus quod aliquis de dicta arte cristalarie non audeat emere nec emi facere, nec vendere nec vendi facere aliquid laborerium de vitreo blancho quod contrafaciat ad cristallum scilicet botoni, manici, roidi de botacelis et da ogli, tabule de anconis et de crucibus, et lapides ad legendum, sub pena librarum X et perdat laborerium et frangatur»: *I capitolari delle Arti Veneziane*, a cargo de G. Monticolo y E. Besta, vol. III, Istituto Storico Italiano per il Medio Evo (Fonti della Storia d'Italia), Roma, 1914, pág. 133.

26. G. Albertotti, «Lettera intorno alla invenzione degli occhiali all'onorevole senatore Isidoro Del Lungo», en *Annali di Ottalmologia e clinica oculistica*, L, 1922, fasc. 1-2, págs. 85-104, pág. 92. Siempre he hecho referencia a las lentes para corregir la presbicia, porque aquellos para corregir la miopía no aparecerán hasta el siglo XVI, y aquellos para corregir el astigmatismo, hasta el siglo XIX: Gilson, *Histoire*, *op. cit.*, pág. 8.

27. Albertotti, *Lettera*, *op. cit.*, pág. 88.

con la ayuda de un espejo. El espejo, por su sencillez, sobrevive junto a lentes y gafas: en el *Libro di M. Giovambattista Palatino, cittadino Romano, nel qual s'insegna a scriver ogni sorte di lettere antica et moderna*[28] de 1545, como comentario de una figura en la que se han reagrupado todos los instrumentos del amanuense, se explica:

> El compás, la escuadra, la regla, la regleta de una o dos líneas y las pinzas para apretar la falsilla transparente bajo el folio sirven para escribir con mesura y proporción, y para detener la mano, como se ha dicho al principio. De las tijeras, hilo, sello, etc., no es preciso decir nada porque ya se sabe para qué sirven. El espejo es para conservar la vista y confortarla cuando se escribe continuamente. Y es mucho mejor de vidrio que de acero. El estilete que está dibujado en el tintero es usado por muchos cuando escriben con prisa, para mantener firme el papel delante de la pluma, a fin de que no coja viento, y se mueva (fig. 1).[29]

A propósito de la fabricación de los espejos no debe olvidarse que en Occidente fueron los vénetos los primeros en revestir de vidrio un delgado estrato de plomo, imitando una técnica probablemente apren-

28. En Roma, Campo di Fiore, por Antonio Blodo, asolano MDXLV.

29. Albertotti, *Lettera, op. cit.*, pág. 88, fig. 1, pág. 89, fig. 2. El espejo para escribir aparece también en la tabla de Tagliente (*Lo presente libro insegna la vera arte del Excellente scrivere de diverse varie sorti de letere... Opera del Tagliente...* publicado en Vinegia por Pietro di Nicolini de Sabbio... MDXXXVII), reproducida por Albertotti en la fig. 4, de pág. 91. Una reproducción mejor en V. Massena Essling, *Livres à figures venitiens*, París, Olschki-H. Leclerc, 1909, vol. II, pág. 455 (en mi libro, fig. 2, pág. 8). Ya en el siglo XVII se atribuyó la invención de las gafas al filósofo inglés Roger Bacon (1214-1292). En realidad, él, basándose en el árabe Alahzen, afirmó que los viejos y los débiles pueden ayudarse con vidrios oportunamente pulidos, pero siempre pensó en lentes de aumento, no en ponerlos sobre los ojos: Rosen, «The invention of eyeglasses», *op. cit.*, págs. 197-199; J. Gimpel, *La révolution industrielle du Moyen Age*, París, Seuil, 1975, pág. 176.

30. En el fresco pintado por Tomaso da Modena en Treviso, en el convento de San Nicolás, está representado el dominico Isnardo da Vicenza delante de un escritorio repleto de volúmenes. En una hornacina se ve una especie de ostensorio que no contiene la hostia, sino un espejo, junto a un tintero con la pluma ya impregnada de tinta. Según Franz Daxecker, *Three reading aids painted by Tomaso da Modena in the chapter house of San Nicolò Monastery in Treviso, Italy*, en «Documenta Ophthalmologica», XCIX, 1999-2000, págs. 219-223 y fig. 3, se trataría de una lente de aumento, dado que un espejo no sería concebible en la celda de un fraile. Agradezco de todo corazón a Franz Daxecker haber puesto a mi libre disposición inencontrables extractos y fotografías.

31. Una lista en *Enciclopedia Dantesca*, Roma, Treccani-Enciclopedia Italiana, 1984, s.v. *specchio*. Todas las citas de Dante Alighieri fueron tomadas de *La Divina Co-*

dida de los bizantinos:[30] Dante menciona el «vidrio azogado» en la *Divina Comedia* (*Inf.*, XXIII, 25) y en otros pasajes de sus obras.[31]

LAS GAFAS PINTADAS

El inventor de las gafas fue probablemente un laico que, al tener que subsistir con el propio trabajo, quiso sacar un buen provecho de la invención. Por eso intentó conservar el secreto. Aún en 1445 el pacto de silencio es expresamente mencionado en un acta muy interesante estipulada en Pisa entre tres orfebres, ante el notario micer Francesco da Ghezzano. Simone, hijo del difunto Antonio Nerucci, se comprometía a enseñar a sus dos colegas —que habrían aportado a la sociedad su contribución laboral— el arte de hacer gafas con vidrio y hueso, procurando también el equipamiento necesario. Durante el tiempo del acuerdo (cuatro años y medio), Nerucci no habría enseñado a otros la fabricación de las gafas, pero los dos socios, a su vez, se obligaban a no traicionar el secreto formando a discípulos y futuros competidores: el pacto fue sancionado solemnemente con un juramento sobre los Evangelios. La habilidad necesaria para construir gafas debía de ser considerada verdaderamente extraordinaria. Para subrayarla, además de las capacidades técnicas, el notario menciona el conocimiento de la alquimia: «Firmaverunt inter se ad invicem societatem ad faciendum, construendum et archimiandum dicta occhialia».[32]

En cambio, Alessandro della Spina, al vivir en el convento, no tenía problemas ni de balances y ni de sustento. Por eso —además, quizás de por su natural generosidad— estaba dispuesto a divulgar altruistamente sus habilidades («a todos de buen corazón hizo partícipes»). Es aún en un ambiente dominico donde encontramos la imagen más antigua conservada sobre el uso de gafas.

---

media, traducción, prólogos y notas de Ángel J. Battistessa, Buenos Aires, Ediciones Carlos Lohlé, 1972.

32. «Se asociaron para fabricar y construir (usando también los conocimientos alquímicos) dichas gafas.» La observación es de Michele Luzzati, a quien remito para la transcripción de todo el documento y un fino y puntual análisis: M. Luzzati, «Una società per la fabbricazione di occhiali alla metà del Quattrocento», en *Antichità Pisane*, 1974, vol. 1, págs. 40-45.

Recientemente un estudioso francófono ha puesto en tela de juicio esta prioridad presentando una pretendida miniatura de fines del siglo XIII (fig. 3): ¡Parece como si volviéramos a las doctas disputas del pasado! Dentro de la letra capital D (*Dilexi* [...]) cuatro religiosos están celebrando el oficio de difuntos delante de una tumba. En el manuscrito abierto, apoyado en el gran atril, se encuentra, en efecto, el inicio de la plegaria: «Réquiem aeternam dona eis Domine». El más anciano, distraído y gafado —¡el *pince-nez* debe de tener lentes muy gruesas!— no sigue el canto coral de sus compañeros y parece que quisiera llamar la atención sobre sí mismo, volviendo la cabeza hacia el espectador.[33] Pero la miniatura es, en realidad, de mediados del siglo XIV.[34] Cerrado el contencioso, al menos en tablas, volvamos a Italia.

Los dominicos habían hecho de la cultura el centro de su vida religiosa, para estar en condiciones de combatir eficazmente la herejía en el plano doctrinal y en las discusiones públicas: hombres profesionalmente impulsados a requerir «vitreos ab oculis ad legendum». En Treviso, en el convento de San Nicolò (ahora Seminario arzobispal) Tommaso da Modena pintó en 1352 a cuarenta Predicadores ilustres, acompañados por una inscripción identificadora: cada uno en la propia celda está sentado

33. Gilson, *Histoire, op. cit.*, pág. 7. El primero en publicar nuestra miniatura (señalada por el bibliotecario de entonces, Monsieur Gazier), datándola correctamente a mediados del siglo XIV, fue R. Bidault, *Deux miniaturas du Moyen-Age intéressant l'ophtalmologie*, en «Aesculape», vol. IV, 1937, págs. 117-119. Una breve noticia, sin añadir —al respecto— nada nuevo, en D. Park, *The Fire within the Eye. An Historical Essay of the Nature and Meaning of Light*, Princeton, Princeton University Press, 1997, págs. 124-125.

34. El manuscrito 140 de la Bibliothèque Municipal de Besançon es diverso. La primera parte (ff. 1-189) es un Salterio en uso en la diócesis de Angoulême, de fines del siglo XIII. La segunda parte (ff. 190-229) es un fragmento de un Libro de Horas proveniente quizá de Picardía, de mediados del siglo XIV: comprende un Oficio de difuntos (ff. 190-207), los salmos penitenciales (ff. 208-212), las letanías (ff. 212v-217) y diversas plegarias en francés. La tercera parte, por último (ff. 230-238), de principios del siglo XV, contiene diversas plegarias en latín. No se sabe cuándo fue ensamblado el manuscrito. A principios del siglo XVI pertenecía a la familia de los condes Leugney, señores de Chalezeule, cerca de Besançon; luego, en el siglo XVIII, pasó al convento de los capuchinos de Besançon; después de la confiscación de la revolución, entró a formar parte de la Bibliothèque Municipale de la ciudad. El folio que contiene la miniatura (f. 190) es, pues, de mediados del siglo XIV. Agradezco estas informaciones y la actualización bibliográfica a Madame Marie-Claire Waille de la Bibliothèque Municipale de Besançon.

35. *Tomaso da Modena*, catálogo a cargo de L. Menegazzi, Treviso, Ed. Canova, 1979, pág. 115, fig. 120 y tabla IV.

en su escritorio, ocupado en meditar, leer, componer o transcribir.[35] Entre estos sabios desfilan el cardenal Nicolò de Rouen con una lente de lectura en la mano, la antepasada de las gafas (fig. 4),[36] concentrado en descifrar una página, y el cardenal Ugo di Provenza con las gafas bien sujetas en la nariz (fig. 5).[37] Es evidente la asociación automática, a mediados del siglo XIV, entre dominicos, libros y sus accesorios, gafas incluidas.

Según el proyecto de san Francisco, sus frailes debían vivir, en cambio, privados de abrigos estables, manteniéndose con el trabajo manual, pobres entre los pobres, sin dedicarse al estudio, «a la ciencia que hincha».[38] Sin embargo, con la entrada en la orden de san Antonio de Padua, el propósito original —permanecer, como se define Francisco, «ignorans» e «idiota»—[39] fue abandonado. En el siglo XV se había perdido hasta su recuerdo: lo confirma el franciscano de hábito de suave y abundantísima tela retratado muy a gusto en su hermosa estancia, luminosa y repleta de objetos, que nada tiene que envidiar a la de un pudiente prelado (fig. 6). Sobre el manuscrito que copia nuestro fraile está apoyado un trozo de plomo para mantener bien abierta la página, mientras que sobre la superficie del escritorio están dispuestas, además del rascador y el tintero portátil, las gafas de montura roja.[40]

De viaje, las gafas, guardadas en su funda, se llevan, en cambio, colgadas del cinturón. Quien las muestra atadas a un cordel es un famosí-

36. Una lente similar, con mango, es sostenida por Hipócrates esculpido «in the Mauritius rotunda of Konstanz Minster that dates back to 1270»: lo señala Daxecker, *Three reading, op. cit.*, pág. 219, que remite a G. Mühn y W. Roos, *Jahhunderte Brille*, en «Deutches Museum. Abhandlunghen und Berichte, München», XXXVI, 1968, pág. 8, y W. Münchow, *Geschichte der Brille* en *Der Augenarzt*, vol. VII, Berlín, Kart Velhagen, 1966, págs. 475-540, pág. 481. No he podido consultar estas dos últimas obras y, por tanto, no sé valorar la noticia.

37. Según Rosen, «The invention of eyeglasses», *op. cit.*, pág. 205, se trataría, en cambio, de Ugo di San Caro (Hughes de Saint-Cher). Ugo fue un famoso exegeta, fallecido en 1263: no es, por consiguiente, tan seguro que ya hubiera sido divulgada la invención que demuestra conocer tan bien, dado que las gafas habrían sido descubiertas algunas décadas después. En este caso, el pintor habría cometido un anacronismo.

38. *Scripta* Leonis, Rufini et Angeli sociorum s. Francisci, comp. y trad. ingl. de R. B. Brooke, Oxford, Clarendon Press, 1970, nº 72, págs. 214-215.

39. Sancti Patris Francisci Assisiensis *Opuscula*, a cargo de K. Esser, Col. S. Bonaventurae, Roma, Grottaferrata, 1978, *Epistola toti ordini missa*, págs. 146-147.

40. L. Farinelli, *Dalla biblioteca conventuale alla biblioteca pubblica*, en *La città e la parola scritta*, a cargo de G. Pugliese Carratelli, Milán, Libri Scheiwiller-Credito Italiano, 1997, págs. 289-374.

simo predicador franciscano: san Bernardino de Siena, en una tabla de altar pintada por Conrad Leib entre 1460 y 1465[41] (fig. 7). Por el contrario, en el caso de Leonhard Wagner, considerado en su tiempo la «octava maravilla» del mundo por ser capaz de escribir en cien caligrafías distintas sin necesidad de tener delante un modelo, era indispensable tenerlas siempre en la nariz: en esta miniatura de principios del siglo XVI lo vemos trabajando, en compañía del pintor Nikolaus Bertschi y de su mujer[42] (fig. 8).

También san Agustín habrá necesitado gafas por haber cansado en exceso la vista: así lo estimó Giovanni di Paolo, que lo pintó, a principios del siglo XV, absorto en la contemplación de san Jerónimo (fig. 9). Según el famoso predicador dominico Iacopo da Varazze, san Remigio habría dicho de san Agustín: «Por más que san Jerónimo diga que había leído seis mil volúmenes de libros de Orígenes, ni éste escribió tantos, porque nadie podría incluso escribiendo día y noche, ni tampoco pudo leerlos».[43] Agustín, en nuestra pintura, en ese momento no necesita ayuda para percibir nítidamente la aparición sobrenatural, porque lo guían los ojos de la mente.[44] Las gafas, en vilo junto al tintero, serán útiles cuando vuelva a sus amados estudios, a cotejar los numerosos manuscritos dispersos sobre el escritorio, en varios planos, sobre las repisas y dentro de pequeños armarios y escondrijos providencialmente abiertos para placer del espectador. Notemos al vuelo que el pintor, perdido ya todo freno inhibitorio en cuanto a los anacronismos, no sólo ha hecho de Jerónimo —el santo eremita del desierto y traductor de la Biblia al latín— un cardenal, si-

41. F. Daxecker, *Representations of Eyeglasses on Ghotic Winged Altars in Austria*, en «Documenta Ophthalmologica», XCIII (1997), págs. 169-188, págs. 171-172, fig. 5.

42. V. Trost, *Skriptorium, Die Buchherstellung im Mittelalter*, Stuttgart, Belser Verlag, 1991, pág. 7.

43. Iacopo da Varazze, *Legenda aurea*, presentaciones de F. Cardini y M. Martelli. Texto (vulgarizado en el siglo XIV) y notas a cargo de A. Levasti, Florencia, Le Lettere, 2000, vol. II, pág. 121 y fig. en pág. 118.

44. Me parece interesante comparar, al respecto, el medio ducado danés de 1647 donde, debajo de un par de gafas, aparece la inscripción: «Vide mira Domini» («Contempla las maravillas del Señor»); para la reproducción Gilson, *op. cit.*, pág. 13, fig. 20. Quien no es santo (como Agustín), puede ser ayudado por un buen par de gafas para ver mejor las maravillas de la Creación, a menos que se quiera entender que también la invención de las gafas es una de las maravillas de este mundo.

no que incluso lo ha revestido del capelo y los hábitos rojos chillones propios de tal estado, que sin duda se llevaron sólo a partir de mediados del siglo XIV.[45]

Si usaba gafas un doctor de la Iglesia, ¿por qué no habría debido hacerlo un evangelista como Lucas, abstraído en redactar su Evangelio? En la miniatura de un misal en uso en Chalons-sur-Marne (Francia), de un pintor probablemente de Troyes, activo en torno a 1400 (fig. 10), vemos en el centro, dentro de un rombo, a Cristo en el trono.[46] En los cuatro ángulos, los evangelistas, cada uno con su propio símbolo. Tres están concentrados en escribir su nombre en una tira de papel desplegada sobre las rodillas. Lucas ha recibido una atención particular porque dispone de un escritorio regulable, con dos tinteros y un recipiente para el color listo para su uso. Está escribiendo con pluma y rascador en un folio doble de pergamino sobre el que está apoyada una lente. Puesto que la leyenda quiere que Lucas fuera pintor, el miniaturista del misal, habituado a aguzar la vista, habrá pensado en el evangelista como en un colega, equipándolo con un vistosísimo par de gafas plegables mediante un perno central que hace de puente sobre la nariz.

También un apóstol podría haberlas necesitado, al tener que encontrar enseguida el texto de la plegaria, mientras que Cristo acoge el alma de la Virgen tendida sobre el lecho de muerte. Así, justamente, lo han imaginado dos anónimos pintores de área alemana: uno pintó, entre 1370 y 1372, una tabla de altar que representa la *Muerte de la Virgen* (fig. 11); el segundo, en torno a 1439, un gran políptico donde el mismo sujeto constituye una de las cuatro escenas de las historias de la Virgen (fig. 12).[47]

45. Sobre las distintas «etapas» iconográficas de san Jerónimo: D. Russo, *Saint Jérôme en Italie. Étude d'iconographie et de spiritualité (XIIIᵉ-XVᵉ siècle)*, París-Roma, La Découverte-École Française de Rome, 1987.

46. Cristo sostiene en la mano el globo terráqueo y está sentado entre dos altares. Por la hoja abierta del altar, a su izquierda, se acaba de sacar el cáliz que, cubierto por el corporal, fue depositado sobre el altar de la derecha. Es notable el extremado realismo con que están pintados los visillos con ribetes anillados colgados de dos astas de hierro plegado en la punta. El cáliz recuerda el destino del códice, un Misal, pero también la continua renovación del sacrificio de Cristo narrado, en un tiempo lejano, por los evangelistas. Para la representación en «T» del globo terrestre, cfr.: C. Frugoni, *La figurazione bassomedioevale dell'Imago mundi*, en «Imago mundi»: la conoscenza scientifica nel pensiero bassomedioevale, Convegni del centro di Studi sulla spiritualità medievale, XXII (1981), Accademia Tudertina, Todi, 1983, págs. 225-269.

47. Daxecker, *Representations, op. cit.*, págs. 170-172, fig. 1-3.

Mucho menos benévolos son, en cambio, dos escribas, siempre con lentes en la nariz, mientras examinan atentamente un libro, evidentemente en busca de un pasaje con el que confundir a santa Catalina de Alejandría, empeñada en la docta disputa con los filósofos paganos[48] (en el altar del siglo XV, dedicado a ella y aún conservado en la iglesia de St. Lorenzen ob Murau en Estiria; fig. 13). Las lentes de cristal verde en una montura de oro[49] del fariseo de la nariz aguileña (que se está burlando de Cristo), retratado con traje contemporáneo al del artista que lo pintó (Michael Pacher, hacia 1475; fig. 14),[50] esconden completamente la expresión de los ojos y confieren un aire inquietante al rostro del perseguidor. Las lentes de colores, normalmente usadas para proteger la vista, aquí denuncian, junto a los rasgos faciales muy caracterizados, una polémica en curso y una hostilidad declarada.

También el antisemitismo, dicho sea de paso, es un sentimiento nacido en la Edad Media, exactamente después de la primera cruzada. La invención iconográfica del golpe de lanza de la *Synagoga* —la figura alegórica que resume al pueblo judío en oposición a la que representa la Iglesia, *Ecclesia*— contra el Cordero místico fue contemporánea al inicio de los numerosos procesos trágicamente concluidos contra los judíos, acusados de haber profanado la hostia: en esta miniatura de principios del siglo XIII, *Synagoga*, con el velo ante los ojos por no haber reconocido al Mesías, atraviesa con el asta del gonfalón ya partida (símbolo de gloria derrotada) el Cordero en el centro de la cruz. La sangre divina es recogida por la copa sostenida por *Ecclesia*,

---

48. Ivi, pág. 173, fig. 4. Catalina de Alejandría, según la leyenda, fue una princesa muy culta que vivió en los tiempos de las persecuciones contra los cristianos. Declaró en público su fe delante del emperador, que, incapaz de rebatir los argumentos de la muchacha, la obligó a sostener una disputa con cincuenta filósofos. Esos sabios habrían debido reducir al silencio a la muchacha; en cambio, sucedió lo contrario. Entonces el emperador, furioso, los condenó a la hoguera, pero Catalina logró convertirlos a todos antes de su martirio. Después de haber salido ilesa del suplicio de las ruedas dentadas, fue decapitada.

49. También podían tener una montura de plata dorada, como resulta, por ejemplo, de un inventario de 1322 de los bienes de un obispo florentino: «Unum par occlalium foltorum de argento deaurato». Las gafas eran siempre un objeto importante. En 1329 un mercader enumera «unum par ochialium» en la lista de cosas que le habían robado, recordando que las había comprado en Florencia: Rosen, «The invention of eyeglasses», *op. cit.*, pág. 204.

50. Daxecker, *Representations, op. cit.*, pág. 172, fig. 6.

que en la otra mano tiene su símbolo, la miniatura de un edificio sagrado (fig. 15).[51]

Muy a menudo los judíos fueron acusados de usureros. En el cuadro de la escuela flamenca de principios del siglo XVI, un judío con la habitual nariz aguileña, ansioso por ver contabilizado todo el dinero disperso sobre la mesa, apoya familiarmente la mano sobre el hombro de un mercader concentrado en escribir sobre la superficie repleta de empeños (fig. 16). Ciertamente, éste no es un judío, pero dado que es el compadre del usurero, debe mostrar un rasgo exterior negativo. Este rol es desarrollado por las gafas de montura negra, el instrumento para realizar mejor una ocupación considerada reprobable.

Según Franco Sacchetti, que deplora la decadencia de la caballería, porque en sus tiempos ya forma parte de ella gente de baja condición:

> Artífices
> vueltos
> sabihondos
> y astutos
> entre intermediarios:
> sobre los libros, con las gafas
> hacen espejos,
> y con plumas en las orejas,
> con cambios secos,
> cada uno compra y vende.
> Quien presta y quien devuelve,
> quien arrea y quien coge,
> y quien enciende / usura;
> quien roba y quien sisa
> sin consideración a viuda y huérfano.[52]

«El arte de hacer gafas» que tanto había entusiasmado al dominico Giordano da Pisa porque le habría permitido, desde entonces, meditar

51. Sobre la iconografía del antisemitismo remito a B. Blumenkranz, *Le juif médieval au miroir de l'art chrétien*, París, Études Augustiniennes, 1966. Para el comentario de la miniatura, véase pág. 106.

52. F. Sacchetti, *Il Libro delle rime*, al cuidado de F. Brambilla Ageno, Florencia, Olschki, 1990, patraña CCXLVIII, «O mondo immondo», pág. 394.

mejor sobre las sagradas páginas y componer edificantes sermones, ahora ayuda a apuntar deudas ajenas y ganancias ilícitas. Se ha convertido, de instrumento de la Iglesia, en instrumento del mercader: un itinerario totalmente masculino.

Representa una excepción una tardía imagen de santa Otilia (660-h. 720), una erudita abadesa nacida ciega, que habiendo recuperado la vista con el bautismo, es considerada la patrona de los ojos. En el panel pintado entre 1485 y 1490 por el pintor de corte del emperador Maximiliano I, Ludwig Konraiter, Otilia acompaña a un santo cortejo en el que destaca santa Úrsula, cortejo que rodea a santa Ana, la Virgen y el Niño Jesús. Otilia tiene el rostro inclinado sobre el libro abierto en el que están apoyadas las lentes: el pintor incluso ha marcado, por un exceso de realismo, la línea agrandada, como si apareciera a través de una lente de aumento (fig. 17).[53]

En el curso del tiempo las mujeres se adueñarán con placer de las gafas, haciendo de ellas un instrumento de intriga y de seducción, junto con el frasquito de perfume o las varillas del abanico:[54] pero ya estamos bajo el reinado de Luis XVI y los límites de esta investigación nos obligan a mirar desde muy lejos a esas amables damas.

Antes de convertirse en un accesorio de pura elegancia, las gafas habían sufrido algunos cambios para hacer más práctico su uso: tenerlas en la nariz o en la mano, o insertadas en un mango, no era muy cómodo. Savonarola y san Bernardino usaban la «gorra» para gafas con un gancho especial para sujetarlas: gafas y gorra del predicador senés fueron entendidas como una parte tan integrante de su vestuario, si así se puede decir, como para que se las considerara una preciosa reliquia.[55] Un gran paso adelante en el campo de la funcionalidad estuvo constituido por la introducción de las patillas, que primero apretaron

53. Daxecker, *Representations*, op. cit., págs. 176-177, fig. 10 y 11. El autor, en un reciente artículo en colaboración con A. Broucek, *Eine Darstellung der hl. Ottilie mit Lesensteinen*, en «Gesnerus», LII (1995), págs. 319-322, estima que las lentes apoyadas sobre el libro no deben interpretarse como gafas, sino como lentes de aumento, porque están aparentemente separadas la una de la otra. Sin embargo, no veo cómo pueden usarse *dos* lentes de aumento a la vez. Estimo que el pintor quiso representar unas gafas propiamente dichas.

54. Gilson, *Histoire des lunettes*, op. cit., págs. 7-13, fig. 12-14.

55. Del Lungo, *Le vicende*, op. cit., pág. 9. También las gafas de san Felipe Neri se convirtieron en una reliquia.

las sienes y luego se apoyaron en las orejas:[56] aunque los primeros ejemplos conservados son de mediados del siglo XVIII, ya se halla un testimonio en la *Adoración de los Reyes magos* de Pieter Brueghel el Viejo, de 1564: en el extremo derecho despunta un deslucido personaje con gafas cuyo equilibrio en la nariz está asegurado por una ligadura lateral, cinta o patilla (fig. 18).

LA HABITACIÓN DEL SABIO Y ALREDEDORES

Giordano da Pisa, nuestro testigo más importante para la invención de las gafas, era un atento observador de la realidad e, involuntariamente, al describir cómo estaba construida el Arca de Noé, registró otra invención medieval: los vidrios en las ventanas (aunque hay algunos esporádicos testimonios en la antigüedad romana).

> Véase que esta arca estaba totalmente cerrada; pero era llamada arca, no nave, porque la nave está abierta por arriba, pero ésta tenía techo y estaba cerrada. Las puertas de abajo estaban cerradas, y la ventana de arriba estaba también cerrada, pero tenía la ventana de cristal, que era útil para el agua, para contenerla, y para la luz, para recibirla.[57]

Los vidrios, sobre todo de colores, habían aparecido hacía tiempo en los edificios sagrados: ya a fines del siglo X, Gozberto, abad del monasterio de Tegernsee, en Baviera, había escrito una carta llena de gratitud al aristocrático donante que había alejado la oscuridad y el frío de las naves:

> Hasta ahora las ventanas de nuestras iglesias estaban cerradas por viejas telas; gracias a ti, por primera vez, el sol de cabellera dorada resplandece sobre el suelo de nuestra basílica atravesando los vidrios pintados de diversos colores. Una alegría inagotable llena el corazón de aquellos que pueden admirar la extraordinaria novedad de esta obra excepcional.[58]

56. Gilson, *Histoire*, pág. 9.
57. Giordano da Pisa, *Quaresimale fiorentino, op. cit.*, sermón XCII (X de abril de 1306), pág. 431.
58. «Aecclesiae nostrae fenestrae veteribus pannis usque nunc fuerunt clausae. Vestris felicibus temporibus auricomus sol primum infulsit basilicae nostrae pavimen-

Son famosas las palabras de orgullo con que Sugerio, abad de la abadía de Saint-Denis de 1121 a 1151, quiso recordar la reconstrucción de la iglesia abacial (hoy en la periferia de París), que él había encargado: «Era el año 1144 del Verbo cuando la iglesia fue consagrada. La nueva parte absidal se une ahora con la frontal y la basílica refulge porque la parte central se ha vuelto luminosa. En efecto, resplandece aquello que en la luz es armoniosamente unido y resplandece el edificio invadido por una nueva luz».[59] La parte más innovadora era el deambulatorio, gracias al cual «toda la iglesia resplandece por la luz admirable y continua de las clarísimas vidrieras».[60]

Él mismo se hizo representar en una vidriera, afortunadamente conservada, sosteniendo en las manos, a su vez, una vidriera donde aparece el Árbol de Jessé (fig. 20). El vástago nacido de las caderas de Jessé, en la exégesis medieval, fue interpretado como el anuncio profético de la encarnación de Cristo (por los versículos de Isaías 11, 1-2 y 7,14): en las imágenes (fig. 19), del profeta dormido nace un árbol majestuoso en cuyas ramas encuentran sitio María, sus antepasados y, por último, Cristo. Se trata de un árbol genealógico de tipo especial (aunque sólo por el espinoso problema constituido por san José) que, de todos modos, demuestra la reconocida importancia de remontarse al fundador.[61]

---

ta per discoloria picturarum vitra cunctorumque inspicientium corda pertemptant multiplicia gaudia, qui inter se mirantur insoliti operis varietates. Quocirca quousque locus iste cernitur tali decoratus ornatu, vestrum nomen die noctuque celebrationibus orationum ascribitur»: Monumenta Germaniae Historica, *Epistulae Selectae*, III, *Die Tegernseer Briefsammlung*, al cuidado de K. Strecker, Berlín, 1925, pág. 25, n. 24. Para un comentario: E. Castelnuovo, *Vetrate medioevali. Officine, tecniche, maestri*, Turín, Einaudi, 1994, pág. 163 y sigs.

59. «Annus millenus et centenus quadragenus quartus erat Verbi, quando sacrata fuit. Quibus etiam epitaphii versibus hos adjungi delegimus: "Pars nova posterior dum jungitur anteriori, aula micat medio clarificata suo. Claret enim claris quod dare concopulatur, et quod perfundit lux nova, claret opus"»: Sugerii *De administratione*, en E. Panofsky, *Abbot Suger...*, Princeton, Princeton University Press, 1979, pág. 50.

60. «Provisum est [...] ut [...] tota [ecclesia] clarissimarum vitrearum luce mirabili et continua interiorem perlustrante pulchritudinem eniteret»: Sugerii *Libellus alter de consecratione ecclesiae Sancti Dionysii*, en Panovsky, *Abbot Suger...*, op. cit., pág. 101. Para un comentario, cfr. Castelnuovo, *Vetrate*, op. cit., pág. 30.

61. Sobre este tema: Klapisch-Zuber, *L'ombre*, op. cit., págs. 53-55.

También visualizar «la sombra de los antepasados»[62] fue una novedad totalmente medieval: la fortuna del árbol genealógico aumentó con la necesidad de la nobleza, convertida en hereditaria a partir del siglo XII, de documentar las líneas de parentesco a través de la ordenada ramificación de las generaciones.

Entre finales del siglo XIV y principios del XV, los vidrios aparecieron también en las ventanas de edificios urbanos, primero en los palacios, luego en las casas acaudaladas (en el campo, los invernaderos de vidrio, orientados hacia el sur, protegían las flores del frío).[63] Por primera vez, en las casas fue posible ver más allá del recuadro de la ventana, antes cerrada por los postigos de madera o por el hule. El vidrio, aunque no era transparente como el actual, creaba, de todos modos, un puente con el exterior, alargando el tiempo y el placer de trabajar en casa, con menos frío y con luz natural.

Observemos la estancia de Jean Miélot, amanuense y traductor para el duque de Borgoña Felipe el Bueno (1419-1467), en su dormitorio-taller[64] (fig. 21). El calor del fuego crepitante es conservado por los vidrios, dorados por la luz del sol, que los atraviesa inundando el ambiente. Para sentirse más calentito, Jean Miélot se ha puesto un pesado traje forrado de piel, apoya los pies sobre una estera entretejida y se protege la cabeza con una gorra de lana. Con pluma y rascador, está concentrado en su trabajo, rodeado de manuscritos: sobre el ejemplar del que copia, colocado en el atril móvil, el habitual plomo mantiene firme y extendida la página, mientras que sobre el folio que Jean Miélot está redactando hay apoyada una lente.

Los vidrios de la ventana no son la única novedad que puede registrarse en esta habitación, repleta de invenciones medievales. Comencemos por la chimenea, desconocida para los romanos, que, sin embargo, tenían refinados sistemas de calefacción pública: en las termas, debajo del pavimento, corrían tubos de agua caliente. Pero en las casas, en los

---

62. Me refiero, obviamente, al título del libro, varias veces citado, de Klapisch-Zuber, *L'ombre des ancêtres*.

63. Carta de 1385 a propósito de las campañas en torno a 's-Hertogenbosch, entonces en el ducado de Brabante, hoy en los Países Bajos, citada por L. Mumford, *Tecnica e Cultura*, Milán, Il Saggiatore, 1961, pág. 144.

64. En una miniatura de un manuscrito que él mismo copió en torno a 1450 para la biblioteca del duque.

cuartos pequeños y oscuros, los romanos debían conformarse con el brasero.

Sólo desde el siglo XIII podemos imaginar la leña crepitando en una bonita chimenea en algunos edificios privados de personas riquísimas. A partir del siglo XIV la encontramos en las casas de la gente bastante acomodada. Siempre faltó, en cambio, en las pobres viviendas de los campesinos, condenados a calentarse en medio del humo. La campana, además de canalizar el humo, protegía de posibles incendios. La cocina, puesto que en la construcción de las casas medievales abundaba la madera, se prefería colocarla directamente debajo del tejado. ¡Reservemos un suspiro de pena para las pobres mujeres, obligadas a subir y bajar escaleras y más escaleras para transportar troncos y haces de leña, agua y alimentos! Pero también un hombre, antes de encontrar a alguien que le prestara atención, debía esforzarse bastante. Es lo que le sucedió al protagonista de un relato de Franco Sacchetti, Ferrantino degli Argenti, sorprendido por una lluvia repentina:

> De umbral en umbral, metiendo la cabeza, y subiendo las escaleras, se puso a andar buscando casas ajenas, y volviéndose descarado para secarse, si encontraba fuego. Yendo de una a otra, por suerte, allí donde entró y *subiendo*, encontró en la cocina un grandísimo fuego con dos ollas llenas, y con un espetón de capones y de perdices, y con una criada alegre y joven, que daba vuelta dicho asado.[65]

Ferrantino fue muy afortunado de encontrar a una jovencita. A menudo las vestales de la cocina eran mujeres ancianas carentes de un rol activo dentro de la casa, confinadas, perdida también la belleza de antaño, a «mirar las cenizas en torno al hogar», «a decir fábulas con la gata, y a contar las ollas y las escudillas».[66]

También el gato es un animal medieval, en el sentido de que, aun siendo conocido y estando presente —esporádicamente— en las re-

65. F. Sacchetti, *Il Trecentonovelle*, al cuidado de E. Faccioli, Turín, Einaudi, 1970, cuento XXXIV, pág. 91.

66. G. Boccaccio, *Decameron*, V, 10, a cargo de V. Branca, Turín, Einaudi, 1993, vol. II, págs. 696-698. Todas las traducciones de esta obra han sido tomadas de: Giovanni Boccaccio, *Decamerón*, traducción, introducción y notas de Pilar Gómez Bedate, Bruguera, Barcelona, 1983.

presentaciones de la Antigüedad, se volvió común en Occidente sólo en la alta Edad Media. Disfruta (con el caballo, sobre el que regresaremos) de dos registros lingüísticos: uno es culto, *musio*, usado por los clérigos que escriben en latín,[67] cuyo uso siguió siendo raro. El segundo registro es popular: de *cattus*, atestiguado en el siglo V, se impuso el término «gato», señalando al mismo tiempo, puesto que fue este último vocablo el que eliminó a sus competidores, una difusión tardía del animal. La fortuna del gato, en la estima de los amos, debió aumentar cuando, quizás en el siglo XI, llegó a Occidente la temible rata negra, a la que el gato no tuvo miedo de enfrentarse y cuando, en torno al mismo tiempo, los cruzados comenzaron a traer de Tierra Santa ejemplares de gran belleza: por ejemplo, los romanos (en italiano, «soriani», de Siria, Soría en la Edad Media).[68]

Mientras que el perro, al cazar fuera de casa, fue acogido raras veces como huésped dentro de los muros domésticos, el gato, persiguiendo a los ratones, vio como se le habrían las puertas de par en par y fue admitido por doquier: también, con su evidente satisfacción, donde se comía. El pintor Stefano di Antonio (1407-1438) encontró natural que al drama de la *Última cena* asistieran algunos gatos interesados en los buenos bocados dispersos por el suelo (fig. 22). Todos los apóstoles están compuestamente sentados. Sólo Juan tiene la cabeza casi sobre la mesa y parece dormir, apoyado en el pecho de Cristo. Los versículos de Juan (13, 23-25), referidos al momento en que Cristo acaba de anunciar a los comensales la presencia del traidor, están en el origen de este malentendido iconográfico. Escribe el evangelista: «Uno de sus discípulos —al que Jesús amaba [Juan]— estaba recostado en la mesa en el seno de Jesús. Simón Pedro le hace una señal y le dice: "Di de quien habla". Aquel discípulo, inclinándose familiarmente sobre el pecho de Jesús, le dice: "Señor, ¿quién es él?"».

Para entender las fases del diálogo es preciso recordar que, como por lo demás los griegos y los romanos, Jesús y los apóstoles comían re-

67. En cuanto *murilegus*, cazador de ratones, del latín *mus muris*, ratón. La palabra está atestiguada por Isidoro de Sevilla (560-636), que olvida el término latino clásico *felis*: *Isidori Hispalensis episcopi Etymologiarum sive originum libri XX*, 1, XIII, 2, 30, edición crítica a cargo de W. M. Lindsay, Oxford, Clarendon Press, 1911: «Musio appellatus, quod muribus infestus sit».
68. L. Bobis, *Le chat: histoire et légendes*, París, Fayard, 2000.

costados (y apoyados sobre el codo izquierdo). Pedro y Juan se encontraban respectivamente a la izquierda (el sitio de honor) y a la derecha
de Cristo y, por tanto, Pedro, a espaldas del Maestro, podía hacer una
señal a Juan, quien, a su vez, volviendo un poco la cabeza, estaba en
condiciones de susurrar con discreción la pregunta al oído divino.

La costumbre de la Antigüedad clásica de comer recostados en
camas desapareció con la llegada de las poblaciones germánicas: nuestro modo de estar en la mesa se remonta a los albores de la Edad Media. Ya en los mosaicos de Sant'Apollinare Nuovo, en Ravena, de principios del siglo VI, si bien Cristo y Judas son mostrados recostados en
la cama (quizá un *stibadium*), no se comprende el verdadero significado de todas las frases del evangelio, el complejo juego de miradas y de
gestos (fig. 23).[69]

En un solo caso, bastante obvio, se siguió representando una comida en la cama: en el nacimiento de Juan o de la Virgen las dos maduras
puérperas, Isabel y Ana, son reconfortadas por sus amigas sin dejar el
lecho. Incluso puede izarse una mesita sobre el «omnipresente» arcón,
reconstruyendo así, sin querer, la iconografía del banquete clásico: éste

---

69. Michel Rouche, a propósito de la vida en la Galia de la alta Edad Media observa: «La única gran novedad [respecto del período romano] concierne al tipo de servicio de mesa: los platos tienen las de ganar sobre las copas y las demás vajillas que se
podían coger con una sola mano: la taza y el vaso troncocónico se difunden por doquier
[...] Todo prueba que la costumbre gálica de comer sentados en torno a una mesa pre-
valece, también en el sur de Francia, sobre la costumbre romana de hacerlo recostados
y apoyados sobre un codo. Lo mismo sucedía entre los germanos desde hacía mucho
tiempo»: *L'alto Medioevo occidentale*, en P. Brown, E. Patlagean, M. Rouche, Y. Thébert, P. Veyne, *La vita privata dall'impero romano all'anno Mille*, Roma-Bari, Laterza,
1987, pág. 333. Sobre el modo de comer en la Antigüedad, véanse numerosas e interesantes contribuciones en *Dining in a Classical Context*, a cargo de W. J. Slater, Ann Arbor, The University of Michigan Press, 1991. En particular, K. M. D. Dunbabin, *Tricli-
nium and Stibadium, ibid*, págs. 121-148. La autora observa que comer echados en el
stibadium (un camastro colectivo de forma semicircular) era una costumbre propia de
la antigüedad tardía. Pero ya a fines del siglo IV un mosaico cartaginés (*ibid*, fig. 36)
muestra a los comensales sentados en largos bancos de alto respaldo, delante de mesas
rectangulares. El mosaico está conservado en el Musée du Bardo de Túnez. En la Antigüedad se comía sentado en las tabernas, pero sólo seguía este uso quien era de baja
condición social (*ibid*, pág. 136). Sobre la tradición de los preparativos para la Última
Cena según los evangelios sinóptico, véase: S. Accame, *L'istituzione dell'Eucaristia. Ricerca storica*, Nápoles, Librería Scientifica Editrice, 1968. Agradezco mucho a Umberto Laffi estas indicaciones bibliográficas.

es el caso de la *Natividad de la Virgen*, pintada por Ugolino di Prete Ilario, entre 1370 y 1380, en el duomo de Orvieto (fig. 24). El ambiente es una típica habitación del siglo XIV a la que los dos gatos listos para saltar dan un toque de sonriente cotidianidad.

Pero volvamos a visitar al solitario y silencioso Jean Miélot. Los libros dispersos por doquier, hasta en el suelo, forman hasta tal punto parte de nuestra vida cotidiana que es preciso hacer un cierto esfuerzo para pensar que también fueron una innovación medieval.[70]

Los romanos escribían en folios de papiro. Las hojas de la planta, pegadas entre sí, formaban un largo rollo envuelto sobre sí mismo, el *volumen* (del latín *volvere*, envolver), incómodo de leer y de consultar, dado que a veces había que desenrollarlo por completo para encontrar un dato. Además, la misma naturaleza del soporte dificultaba las ilustraciones y obligaba a escribir por un solo lado.

En la Edad Media (hasta todo el siglo XII, cuando comenzó a difundirse el papel producido a partir de la estraza), se usó en cambio el pergamino: piel de ternera, más a menudo de oveja o cabra, curtida y sometida a muchos procesos hasta volverse blanca, blanda, lisa y sutil. Luego la piel era cortada en hojas que, plegadas en forma de cuaderno (de *quaternus*, porque de costumbre eran plegadas en cuatro), formaban los diversos fascículos. Cosidos y protegidos por una cubierta rígida, constituían finalmente el códice, el equivalente a nuestro libro. En el pergamino se escribía por ambos lados, aunque el lado originariamente del pelo quedaba siempre más áspero y oscuro. Las hermosas miniaturas por las que «aún más sonríe el pergamino» (*Purg.*, XI, 82) están, en efecto, reservadas de costumbre al lado de la carne, mucho más claro y flexible, donde la tinta y el color se extendían sin tropiezos. Los manuscritos no sólo exigían el sacrificio de muchos animales —para una Biblia grande se necesitaba todo un rebaño de ovejas—, sino

---

70. La bibliografía sobre este argumento es inmensa. Me limito a citar: *Libri e lettori nel Medioevo. Guida storica e critica*, al cuidado de G. Cavallo, Roma-Bari, Laterza, 1989; A. Petrucci, *Storia e geografia delle culture scritte*, en *Letteratura italiana*, a cargo de A. Asor Rosa, Turín, Einaudi, 1982-1989, vol. VII, nº 2, págs. 1.195-1.292; B. Bischoff, *Paleografia latina. Antichità e Medioevo*, Padua, Antenore, 1992; A. Petrucci, *Medioevo da leggere. Guida allo studio delle testimonianze scritte del Medioevo italiano*, Turín, Einaudi, 1992; *Storia della lettura nel mondo occidentale,* a cargo de G. Cavallo y R. Chartier, Roma-Bari, Laterza, 1995.

que requerían para su confección mucho tiempo y atención. Eran un producto costoso y de elite, porque durante mucho tiempo los códices fueron escritos en latín. Los monjes, como se sabe, necesitaban libros para meditar y atender a los servicios litúrgicos. Incluso en el claustro —donde oportunos nichos hacían de minúscula biblioteca (fig. 29)— se dirigían a Dios teniendo un códice en las manos. Su trabajo consistía en trascribir sobre todo textos sagrados, dado que esta tarea constituía una lenta y continua plegaria.

Para tomar apuntes rápidos, para bosquejos, cuentas, borradores literarios, notas cogidas en el momento de escuchar los sermones o los cursos universitarios, para versos de amor, en resumen, para todo aquello que no debía conservarse durante mucho tiempo se empleaban tablillas de cera,[71] ya usadas en la Antigüedad: ¡también Carlomagno las empleó para aprender a escribir,[72] aunque con poco éxito! Este soporte de escritura, fácil de encontrar incluso en una casa, constituyó una válida alternativa al costoso pergamino hasta que el triunfo del papel los suplantó a ambos. Las tablillas eran tablas de madera con un hueco (las de lujo eran de marfil) dentro del cual se colaba una capa de cera sobre la que se escribía con un estilete de hueso o de metal: la punta redondeada del punzón servía para borrar lo que se había escrito con anterioridad y reutilizar así la superficie. Leemos en *Floire et Blancheflor* que algunos jóvenes «quand a l'escole venoient / le tables d'yvoire prenoient. / Adonc lor veissez escrire / lettres et vers d'amors en cire» («Cuando iban a la escuela cogían tablillas de marfil y así escribían sobre la cera cartas o versos de amor»).[73] A veces, las tablillas, que servían tanto de escritorio como de manuscrito, eran reunidas, dada su solidez, hasta formar un libro: sobre todo las páginas de cálculo tuvieron

71. Sobre este argumento, véase: *Les tablettes à écrire de l'Antiquité à l'époque moderne*, a cargo de E. Lalou (Actes du Colloque international du Centre National de la Recherche Scientifique, París, Institut de France, 10-11 de octubre de 1990), Brepols, Turnhout, 1992 ; en particular: Ead., *Inventaire des tablettes médiévales et présentation générale*, *ibid*, págs. 231-280, fig. 1-12.

72. «Temptabat et scribere tabulasque et codicellos ad hoc in lecto sub cervicalibus circumferre solebat [...], sed parum successit labor praeposterus ac sero inchoatus»: Eginardo, *Vita di Carlo Magno*, al cuidado de G. Bianchi, Roma, Salerno Editrice, 1980, cap. 25, págs. 70 (trad. it.) y 101 (texto latino).

73. E. Lalou, *Les tablettes de cire médiévales*, en «Bibliothèque de l'Ecole des Chartes», CXLVII (1989), págs. 123-140, pág. 131.

una vida más larga. Junto a los libros en pergamino hubo, pues, en la Edad Media también libros de madera.

El nacimiento de la lengua vulgar escrita en Italia (la primera prueba corresponde probablemente a la llamada *Adivinanza veronesa* de la segunda mitad del siglo VIII, pero la más antigua poesía profana fue compuesta entre 1180 y 1220)[74] rompió el vínculo entre cultura escrita y cultura religiosa, ampliando el restringido círculo de los usuarios de manuscritos. El despegue de la vida urbana y la evolución de las formas políticas que llevaron al florecimiento de los Municipios pusieron en escena nuevas figuras.

La sociedad, ya no dividida en el tradicional orden estamental de la alta Edad Media (clérigos, nobles y trabajadores, es decir, campesinos), hizo un hueco, además de a los artesanos, a mercaderes, juristas, profesores, banqueros y notarios. Estos nuevos trabajadores hablan, negocian, se entretienen, disputan, intentan persuadir, acaso también engañando, como hacen a veces los mercaderes, pero sobre todo escriben.

GANAR CON EL LIBRO EN LA MANO: LAS UNIVERSIDADES

En las ciudades del siglo XIII hicieron su ingreso las órdenes mendicantes: también los frailes predican en lengua vulgar y se ocupan de traducir los antiguos textos en latín, de acuerdo con una pastoral orientada a establecer vínculos con los fieles y un nuevo consenso. El arduo estudio de la Biblia en las escuelas monásticas había tenido como consecuencia un gran conservadurismo y el respeto a la tradición: la palabra sagrada no podía ser puesta en duda. Las escuelas de las ciudades, basadas en la controversia, quieren encontrar contradicciones para poder ir más allá, y desarrollan la idea de progreso.[75] Por eso el gesto del silogismo[76] define el apostolado de san Pedro mártir, empeñado hasta

---

74. Se trata de la composición : «Quando eu stava in le tu' cathene», editada por A. Stussi, *Versi d'amore in volgare tra la fine del secolo XII e l'inizio del XIII* (con *Nota paleografica* de A. Ciaralli y A. Petrucci, y *Nota musicologica* de C. Gallico), en *Cultura neolatina*, vol. LIX (1999), págs. 1-69.

75. Sobre esto véase: L. K. Little, *Religious Poverty and the Profit Economy in Medieval Europe*, Londres, Elek, 1978, espec. pág. 178 y sigs.

76. Para indicar este tipo de argumentación en la Edad Media se apretaba el índice de la mano izquierda entre el índice y el pulgar de la mano derecha.

la muerte en la disputa con los herejes, en el gran fresco de la Capilla de los Españoles en Santa Maria Novella en Florencia, pintado para celebrar el triunfo dominico (fig. 30).

«Y hoy son tantos los maestros —afirma nuestro dominico Giordano da Pisa—, todas las ciudades están llenas: muchos predicadores, muy buenos y veraces: las escuelas de cada convento, que son muchos miles, donde cotidianamente se busca y se declara y se adiestra la sabiduría [...] las Religiones, los frailes hacen libros durante todo el día: y en París todo el día se hacen libros».[77] En esta miniatura del siglo XIV, vemos a un franciscano en el papel de docente: entre el público, en primer plano, hay también una clarisa (reconocible por el cordón) y una carmelita (fig. 25).[78]

Las escuelas de las ciudades proporcionan una nueva clase de intelectuales y, por tanto, un mayor número de lectores, capaces de hacerse a su vez escritores, acaso por pasión, o para poseer una copia de uno de sus textos preferidos. Los manuscritos ya no permanecen confinados en los *scriptoria* monásticos, donde no podían ser vendidos. Circulan en una actividad floreciente de libreros y compradores.

Indicio de la creciente fama de acuerdo con el valor de las profesiones urbanas es la difusión de las tumbas de maestros. La costumbre de celebrar públicamente a los profesores más conocidos de la Universidad de Bolonia, dedicándoles grandes tumbas monumentales en las iglesias urbanas, es muy antigua —la tumba de Matteo Gandoni es de 1330—[79] e indica el papel público y social que se le otorgaba a la enseñanza universitaria, debido a los recursos económicos y el prestigio que le procuraba a la ciudad.

En la tumba del jurista Cino da Pistoia, en su ciudad, debida a un escultor senés de principios del siglo XIV, se realizó un audaz calco de las fórmulas de la iconografía cristiana (fig. 26). Como en el marco ideal del portal de una iglesia, donde el dintel está dedicado a los he-

---

77. Giordano da Pisa, *Prediche del 1304 dell'Avvento e della Quaresima*, a cargo de D. M. Manni, Florencia, Viviani, 1739, págs. 152-153 y pág. 189.

78. *Le livre au Moyen Age*, a cargo de J. Glenisson, París, Presses du C.N.R.S., 1988, pág. 102 y fig. 20 en la pág. 100.

79. Atribuido al taller de Agostino di Giovanni y Agnolo di Volterra: R. Grandi, *I monumenti dei dottori e la scultura a Bologna (1267-1348)*, Bolonia, Comune di Bologna, Istituto per la Storia di Bologna, 1982, págs. 151-152.

chos narrativos y el tímpano propiamente dicho a la celebración devo-
cional del personaje sagrado (por ejemplo: historias del Bautista coro-
nadas por la Virgen en el trono del baptisterio de Antelami, en Parma;
fig. 27),[80] a lo largo del «arquitrabe» está representado Cino en su cátedra en el aula con sus alumnos, y luego de nuevo, encima, en posición
frontal entre el círculo de su docto auditorio, como Cristo entre los
apóstoles. Impresiona más porque Cino tiene aquí un tamaño gigan-
tesco, habiendo hecho suya aquella convención medieval que relaciona
las proporciones de las figuras con una pauta de valores, normalmente
empleada para discriminar entre el personaje sagrado descollante y el
humilde y minúsculo comitente humano.

Incluso el poeta Virgilio, en una estatua de la primera mitad del siglo XIII, es representado como un hombre de leyes en Mantua, la ciudad que pretendía haber sido su cuna: en la fachada del Broletto lo vemos proteger la libertad del Municipio —hasta el punto de que algunas
decisiones importantes eran tomadas *ad sculpturam Vergilii*— sentado
en la cátedra, en el acto de escribir, con el sombrero ceñido por una
costosa piel de marta cibelina y vestido de juez (fig. 28).[81]

Enseñar y estudiar se convierten en un trabajo remunerado y se comienza a vender el tiempo que la Iglesia siempre había afirmado que
no podía ser dado a cambio de nada, porque pertenecía a Dios. Nacen
las universidades, una institución escolar que es otra novedad de la
Edad Media.[82]

Libres asociaciones de estudiantes (*universitas scholarium*) y de do-
centes (*universitas magistrorum*) se constituyeron en aquellas ciudades
donde desde el siglo XI existía una arraigada tradición de enseñanza,

---

80. C. Frugoni, «*E vedrà ogni carne la salvezza di Dio*» (*Lc 3,6*): *le sculture all'interno del battistero*, en *Benedetto Antelami e il battistero di Parma*, a cargo de la propia
Einaudi, Turín, 1995, págs. 109-144.

81. Otra estatua muy similar debía de estar colocada originalmente en el interior
del Palazzo della Ragione; ahora está conservada en la Galleria e Museo di Palazzo Du-
cale, en Mantua. Véase W. Liebenwein, *Princeps Poetarum. Die mittelalterlichen Vergil-
Bilder in Mantua*, en *2000 Jahre Vergil. Eine Symposium*, a cargo de V. Pöschl (Wolfenbütteler Forschungen), Wiesbaden, O. Harrassowitz, 1983, págs. 109-151, figs. 1-16.

82. *Le origini dell'università*, a cargo de G. Arnaldi, Bolonia, Il Mulino, 1974; J. Le
Goff, *Gli intellettuali nel Medioevo*, Milán, Mondadori, 1979 (1957, 1ª ed.); J. Verger,
Le università nel Medioevo, Bolonia, Il Mulino, 1991 (1973, 1ª ed.).

como París y Oxford, con famosas escuelas de estudios teológicos. En Bolonia, la sede que pretende, con París, el título de universidad más antigua, enseñaban los más reputados maestros de estudios jurídicos. El conjunto de los cursos de enseñanza, el contenido de la actividad didáctica y de investigación constituían el *Studium*, es decir, aquello que hoy entendemos al hablar propiamente de universidad: en París y Oxford los *Studia* estaban enmarcados en la organización eclesiástica y subordinados a la autoridad obispal; en Bolonia, en cambio, el *Studium* estaba totalmente desvinculado de ella, en condiciones de tratar de igual a igual con el Municipio.

El *Studium* ofrecía ante todo la enseñanza de los elementos fundamentales de las Artes Liberales[83] (antes era preciso haber aprendido latín). Luego se pasaba a un nivel superior con el estudio de la Teología, el Derecho y la Medicina, aunque no todas las sedes universitarias ofrecían todas las facultades. En efecto, las distintas áreas disciplinarias se llamaban como hoy, «facultades» (*facultates*). Los profesores en París eran llamados *magistri*; en Bolonia, queriendo dar a entender un docente de rango superior, *doctores*, o incluso *domini*, señores: un apelativo, este último, de origen feudal, aplicado exclusivamente a los maestros de Derecho, lo cual nos permite ver en qué estima se los tenía. Personaje importantísimo, mucho más que el actual bedel, era el *bedellus*, que incluso podía controlar a los profesores y asegurarse de que cumplieran bien con su deber de enseñanza: vemos a un *bedellus* mientras lleva un libro al aula donde ya están reunidos los estudiantes en la citada tumba de Matteo Gandoni, proveniente de la iglesia de San Domingo, en Bolonia (ahora conservado en el Museo Cívico Medieval local; fig. 31).

Papa y emperador, reyes y príncipes apoyaron la multiplicación de los *Studia*, impulsados por la necesidad de aumentar el número de personal cualificado que emplear en los despachos: ya en 1155 Federico Barbarroja había concedido algunos privilegios a una delegación de profesores y estudiantes boloñeses que habían ido a verlo mientras se dirigía a Roma para ser coronado emperador. La célebre Sorbona, provista de una rica biblioteca, fue fundada en París por el canónigo Robert Sorbon (1201-1274) con la ayuda determinante de Luis IX (1226-

---

83. Del *Trivio*: Gramática, Retórica y Dialéctica; del *Quadrivio*: Aritmética, Geometría, Música y Astronomía.

1270). En 1224 Federico II había fundado un *Studium* en Nápoles, porque no quería que sus súbditos se alejaran para seguir en otras partes los cursos de enseñanza.

En efecto, la presencia de un *Studium* daba gran fama a la ciudad que lo hospedaba y permitía reclutar en el lugar a los intelectuales y a los juristas que la administración civil, al igual que la eclesiástica, precisaba cada vez más. Alojar a los estudiantes y proporcionarles todo lo necesario para vivir y para estudiar ofrecía, además, múltiples ocasiones de beneficio a los ciudadanos, que a su vez tenían la posibilidad de hacer instruir a sus hijos, encaminándolos hacia prestigiosas carreras. Todas estas razones explican la multiplicación de las universidades en la Edad Media, a pesar de que los estudiantes, en general forasteros, creaban no pocas dificultades. A menudo eran muy revoltosos y resultaba casi imposible reprimirlos a causa de los privilegios de los que disfrutaban: al gozar automáticamente de la condición clerical, que les permitía recurrir a la justicia eclesiástica, escapaban de la civil. Todos adultos, bien provistos de dinero para costearse los estudios —encima eran los estudiantes los que pagaban a los profesores, además de una infinidad de otros impuestos y gravámenes—, no dedicaban todas las horas a aprender: según ciertas acusaciones, muchos de ellos se pasaban gran parte del tiempo en las tabernas, bebiendo, jugando a las cartas, en riñas y frecuentando a mujeres de mala vida. El predicador y escritor Giacomo di Vitry nos los recuerda así:

> Litigaban y se peleaban no sólo a causa de las diversas disciplinas que estudiaban y por algún tema de discusión; sino también las diferencias entre las distintas nacionalidades eran causa de disensos, de odios, de virulentos rencores, y se dejaban llevar con impudicia a toda clase de afrentas y de insultos recíprocos. Afirmaban que los ingleses eran borrachines y tenían cola; que los franceses eran altivos, afeminados y acicalados como las mujeres. Decían que los alemanes eran feroces y bestiales en sus banquetes, los normandos, fatuos y fanfarrones, los del Poitou, traidores y aventureros. Los borgoñones eran considerados estúpidos y vulgares. Los bretones tenían fama de inconstantes y volubles, y a menudo eran acusados de la muerte de Artús.[84] Los lombardos eran definidos avaros,

---

84. Artús, duque de Britania (1187-1203): para esta muerte cfr.: Jacobi de Vitriaco *Historia occidentalis*, cap. VII, *De statu Parisiensis civitatis*, edición crítica a cargo de J. Frederick Hinnebusch, Friburgo, The University Press, 1972, pág. 259.

viciosos y cobardes; los romanos, sediciosos, camorristas y calumniadores; los sicilianos, tiránicos y crueles; los brabanzones, sanguinarios, dispuestos a incendiar, a devastar y a raptar; los flamencos, inconstantes, megalómanos, golosos, blandos como la mantequilla e indolentes. Y después de semejantes insultos, a menudo se pasaba de las palabras a los hechos.[85]

Pero he aquí también la voz de un padre que, a finales del siglo XIII, le escribe a su hijo, estudiante en Bolonia:

Mi corazón sufre mucho por tu gran desatino. He comprendido perfectamente que, en vez de dedicarte al estudio, te deleitas jugando a los dados y visitando con frecuencia lugares deshonestos, por lo cual, si no te abstienes de todas estas acciones y no te dedicas concienzudamente al estudio, como te pido, te verás privado de todo beneficio y de toda gracia míos, dado que no podrás engañarme con tus cartas falsas.[86]

De tono totalmente opuesto son las recomendaciones de un padre intranquilo, quizá demasiado, porque su hijo parece excesivamente estudioso:

85. *Ibid*, pág. 92: «Non solum autem ratione diversarum sectarum vel occasione disputationum sibi invicem adversantes contradicebant, sed pro diversitate regionum mutuo dissidentes, invidentes et detrahentes, multas contra se contumelias et obprobria impudenter proferebant, anglicos potatores et caudatos affirmantes, francigenas superbos, molles et muliebriter compositos asserentes, teutonicos furibundos et in conviviis suiis obscenos dicebant, normannos autem inanes et gloriosos, pictavos proditores et fortune amicos. Hos autem qui de Burgundia erant brutos et stultos reputabant. Britones autem leves et vagos iudicantes, Arturi mortem frequenter eis obiciebant. Lombardos avaros, malitiosos et imbelles; romanos seditiosos, violentos et manus rodentes; siculos tyrannos et crudeles; brabantios viros sanguinum, incendiarios, rutatorios et raptores; flandrenses superfluos, prodigos, comessationibus deditos, et more butyri molles et remissos, appellabant. Et propter huiusmodi convitia, de verbis frequenter ad verbera procedebant».
86. Se trata de un modelo de carta en lengua vulgar de Pietro de' Boattieri, *magister* de *ars dictandi* de finales del siglo XIII. El pasaje es citado por A. I. Pini, *«Discere turba volens». Studenti e vita studentesca a Bologna dalle origini dello Studio alla metà del Trecento*, en *Studenti e Università degli studenti dal XII al XIX secolo*, a cargo de G. P. Brizzi y A. I. Pini, Bolonia, Istituto per la Storia dell'Università, 1988, págs. 47-136, pág. 113 (a la que se remite para la bibliografía precedente).

Me dicen que, contra toda costumbre, te levantas de la cama antes de que suene la campana para estudiar, que eres el primero en entrar en la escuela y el último en salir de ella. Y después, de vuelta a casa, repasas durante todo el día aquello que has aprendido en clase. Piensas continuamente también mientras comes y también en el sueño sueñas discursos y repasas las clases, moviendo la lengua también mientras duermes [...] Deberías considerar que cualquier cosa demasiado hinchada tiene tendencia a explotar y que es preciso saber discernir entre la falta y la demasía. La naturaleza las condena a ambas y pretende moderación. En efecto, muchos por exceso de estudio caen en enfermedades incurables, por las cuales algunos mueren y otros, perdidas sus esencias humorales, se consumen día tras día, lo cual es aún peor. Otros se vuelven locos y pasan su vida riendo y llorando. Otros se estropean el nervio óptico por el que pasan los rayos visuales y se quedan ciegos. Te suplico, pues, hijo, que encuentres el justo medio en el estudio porque no quisiera que luego alguien me dijera: «He sabido que tu hijo ha vuelto ceñido por la corona de la ciencia», y yo me viera obligado a responder: «En verdad, se ha convertido en doctor, pero ha muerto por exceso de estudio», o: «Está enfermo sin esperanza», o: «Ha perdido la vista», o: «Sí, pero ahora ha enloquecido».

En resumen, ese pobre padre, si hubiera usado expresiones menos ampulosas, habría recomendado: «¡Mejor un asno vivo que un doctor muerto!».[87]

DORMIR, SOÑAR, QUIZÁ MORIR:[88] LOS EFECTOS DE LA ANESTESIA

Sin embargo, ¿habría de veras prolongado la vida de sus pacientes un doctor «vivo»? No siempre, por las arriesgadas mezclas, las temerarias intervenciones quirúrgicas, la ignorancia de las normas higiénicas y las demasiado generosas dosis de anestésico (opio, mandrágora, beleño y cicuta) con las que se impregnaban las «spongiae somniferae» para

87. También éste es un modelo de carta; el autor es Boncompagno da Signa, maestro de retórica y autor de numerosas obras didácticas (1165-h 1250). El pasaje es citado por Pini, «Discere turba volens», op. cit., pág. 97. Sobre la vida universitaria, véase: L. Moulin, La vita degli studenti nel Medioevo, Milán, Jaca Book, 1992.
88. Evidentemente he tenido presente, al invertir la secuencia, el célebre pasaje de Hamlet, acto III, escena I: «To die, to sleep; to sleep: perchance to dream».

aturdir a los pacientes antes de las intervenciones.[89] Tenemos un ejemplo de ello en la farmacia del fresco de principios del siglo XV del castillo en Issogne en Val d'Aosta (fig. 32), donde están expuestas, ensartadas en racimo, esponjas probablemente ya medicadas, listas para su uso.

En la Antigüedad no se pensó en la necesidad de la anestesia. Celso, en 30 d.C., al describir detalladamente la extracción de un cálculo de la vejiga, en este caso de un muchacho, se preocupó de explicar que durante la operación había que atar bien al enfermo. Dos hombres muy robustos debían impedir que aquellos que ya sujetaban al paciente cayeran sobre el médico y el joven.[90] La sangre corría a chorros y los gritos de quien padecía la intervención debían de ser terribles. En cierto sentido, la operación era un espectáculo, como la lucha de los gladiadores. Precisamente porque se consideraba la manifestación del dolor físico una forma de entretenimiento, faltó sensibilidad ante el problema del sufrimiento, que la Edad Media, en cambio, se planteó. Bastará recordar el cuento de Boccaccio que tiene como protagonista al médico Mazzeo della Montagna, de Salerno, que se dispone a operar la pierna gangrenada de un paciente:

> El médico, juzgando que el enfermo sin ser narcotizado no soportaría el dolor ni se dejaría intervenir, debiendo esperar hasta el atardecer para aquel servicio, hizo por la mañana destilar de cierto compuesto suyo una agua que debía dormirle tanto cuanto él creía que iba a hacerlo sufrir al curarlo.[91]

Sin embargo, el verdadero médico, Guy de Chauliac, en su *Chirurgia magna* de 1363, recomendaba mucha cautela en el empleo de los

---

89. G. Keil, *Spongia somnifera*, en «Der Anaestesist», XXXVIII (1989), págs. 643-648. La esponja, impregnada con una mezcla de anestésicos, se hacía secar al aire. Antes del inicio de la operación el cirujano sumergía esta esponja en agua caliente y la ponía delante de la boca y la nariz del paciente, que inhalaba el vapor, pero tragaba también un poco de líquido.

90. «Praeter haec etiamnum a lateribus duo valentes obiciantur, qui circumstantes labare vel unum vel duos qui puerum continent non sinunt»: Celsi *De Medicina*, l. VII, 26, 2A-O, al cuidado de W. G. Spencer, Londres, Loeb, 1961, vol. III, pág. 426 y págs. 426-437, para la descripción de toda la intervención.

91. Boccaccio, *Decameron*, IV, 10, ed. cit., vol. I, pág. 573.

anestésicos para la narcosis total: los pacientes se dormían profundamente, pero el despertar era problemático: había quien enloquecía y quien no se despertaba jamás. Solamente el gran Paracelso, a finales de la Edad Media, estudió la narcosis con éter, explicando cómo producirlo, y lo experimentó con animales. Sus gallinas, después de haber tomado «aceite de vitriolo» se dormían y se despertaban sin daños. Sin embargo, no se atrevió a experimentar su hallazgo con seres humanos, porque temía no poder controlar la narcosis total.

EL LIBRO UNIVERSITARIO

Volvamos a nuestro estudiante, que corría el riesgo de ser un doctor «malogrado», en el sentido contundente de la palabra, por exceso de estudio: dada su seriedad, no habrá frecuentado prostíbulos ni hosterías. Podemos imaginar que la meta frecuente de sus desplazamientos eran los libreros. El nacimiento de los *Studia* no sólo promovió una intensa actividad editorial, sino que comportó una verdadera revolución en lo que se refiere a la confección y el uso del manuscrito. Cada estudiante necesitaba tener a mano el texto que el maestro comentaba desde la cátedra. Ante la demanda de un mayor número de copias de un mismo ejemplar, se respondió con un nuevo sistema de producción basado en la *pecia*. De los libros utilizados en un curso de enseñanza se creaba un *exemplar*, una copia oficial, que una comisión de profesores enmendaba de eventuales errores. Dicho *exemplar* era dejado en fascículos sueltos (cada uno del mismo número de folios), llamados justamente *peciae*, confiados, a su vez, cada uno a un copista, en general laico y no necesariamente de género masculino. (En una ciudad universitaria donde bullía el mercado librero, como era la Bolonia de los siglos XIII y XIV, se hallaron varios recibos de pagos o contratos en los que figuraba el nombre de mujeres miniaturistas y calígrafas que trabajaban a menudo junto a su marido o su padre, de quien habían aprendido el oficio).[92]

92. C. Frugoni, *La donna nelle immagini, la donna immaginata*, en *Storia delle donne in Occidente, Il Medioevo*, a cargo de Ch. Klapisch-Zuber, Roma-Bari, Laterza, 1990, págs. 424-457, sobre todo pág. 447 y sigs.

Varias personas copiaban, pues, a la vez, el mismo manuscrito, tantas cuantas eran las *peciae* de las que se componía el *exemplar*. Las *peciae*, por último, recibidas en consigna por los *stationarii* (los libreros), eran confiadas una y otra vez a los estudiantes. El resultado de esta innovación fue doble: se multiplicaron velozmente las copias de un libro y se disminuyeron los costes para obtenerlo.

En la lastra sepulcral del *lector*, es decir, del docente boloñés Bonifacio Galluzzi, fallecido en 1346,[93] algunos de los estudiantes presentes —entre ellos, también un fraile— parece que estuvieran leyendo las páginas de una *pecia*, si se compara el grosor del manuscrito apoyado sobre el banco con el del docente, abierto sobre la cátedra (figs. 33-34). También la organización formal de la página de una *pecia* tiene una característica peculiar: el texto se escribía en dos columnas, dejando amplios espacios en los márgenes para los comentarios, las *glossae*, y se hacía visualmente evidente por la introducción de los párrafos y de las *rubricae*, las iniciales en tinta roja (de *ruber*, rojo). Además, a partir de ese momento las palabras aparecieron escritas separadas las unas de las otras: a nosotros nos parece obvio que sea así, pero, respecto de la escritura continua de la alta Edad Media, fue una gran conquista que facilitó mucho la lectura y la comprensión de un texto.

Recuerdo al vuelo que otros signos diacríticos, para nosotros indispensables, hicieron su aparición unos cincuenta años después de la invención, en 1450, del libro impreso con carácteres móviles. El apóstrofo, los acentos, la puntuación (el punto y aparte, la coma, el punto y coma) aparecen por primera vez en la revisión que Pietro Bembo hizo en 1501 de las obras de Petrarca para la edición de Aldo Manuzio. El puntito sobre la «i» minúscula no fue introducido hasta 1450: por lo demás, la práctica de la escritura correcta es aún hoy, para algunos, en sociedades alfabetizadas como las europeas, una meta difícil de alcanzar.[94]

---

93. Atribuida a Bettino da Bologna: Grandi, *I monumenti, op. cit.*, págs. 150-151, fig. 104-109.

94. A. Bartoli-Langeli, *La scrittura dell'italiano*, 2000, Il Mulino, Bolonia, sobre todo las págs. 77 y sigs.

GANAR CON LA PLUMA EN LA MANO: EL NOTARIO

En la Edad Media, quienes usaban la pluma con gran maestría, además de los amanuenses, eran los notarios, una figura que aún hoy en Italia conserva muchos rasgos del ordenamiento jurídico medieval (fig. 35).

En los siglos anteriores al año mil, el notario estaba encargado de redactar los documentos al servicio de un poder constituido: el rey, el conde o el obispo. A partir del siglo XII, sobre todo en el área italiana, adquirió un estatuto jurídico muy definido, convirtiéndose en una figura central de la sociedad municipal, en cuanto garante de la «confianza pública», de la *publica fides*, cada vez que era preciso un testimonio escrito para fijar la memoria de un hecho, ya fuera público o privado. Aunque siempre debía ser nombrado por parte de una autoridad pública, el notario se convirtió en un oficial público que, además de redactar los documentos, los autentificaba mediante la aplicación de su personal marca profesional.

Pero la colectividad establecía una relación de confianza no con la figura del notario, en cuanto perteneciente a una categoría determinada, sino con un notario particular, obligado, para que la relación no se rompiera, a producir documentos que todos reconocieran como provenientes de su mano: sólo con estos requisitos tendrían valor. Por eso las figuras y los símbolos que corroboraban el colofón con que el notario se manifestaba al final del documento redactado eran propios de él, dado que debían «patentar» la firma. A menudo estos *signa* son muy complicados, pero el ideado por el ex juez y notario Raniero di Perugia no es una rúbrica gratuita: esconde un lenguaje cifrado —¡hay que decirlo!—, ya que incluye el precocísimo testimonio del conocimiento de los números árabes en Occidente.

En efecto, a partir de 1184, Raniero adquirió la costumbre de contar las rayas del folio vergueteado y de anotar su número —conoce las diez cifras del uno al cero— dentro del *signum* (fig. 36-37). Recurriendo a este expediente había producido una marca inimitable que comprobaba sin sombra de duda la paternidad del *signum*, tan exclusivo que fue malinterpretado por algunos colegas casi contemporáneos, cuando debieron transcribir los papeles de Raniero: por ejemplo, para el pergamino del 25 de marzo de 1192, en la copia se declara que fue reproducido por entero, a excepción de los *signa* de Ranieri («preter signa dicti notarii»).[95]

Los números árabes, el cero

Estamos tan habituados a usar los números según el llamado sistema árabe que lo encontramos del todo natural: obviamente no es así. Es una invención que viene de muy lejos, de la India. Pero fueron los árabes quienes la desarrollaron y, a través de España, la difundieron por toda Europa: su testimonio más antiguo está justamente en un manuscrito español de 976[96] (fig. 38). Los romanos tenían un sistema de numeración que, aun con el uso del ábaco, un instrumento con una bolitas que corrían sobre hilos metálicos, no permitía realizar operaciones complejas. Se podía sumar y restar, pero era muy difícil llevar a cabo operaciones que a nosotros nos parecen elementales, como la multiplicación y la división, para las que había que dirigirse a matemáticos profesionales. En efecto, a los romanos no se les había ocurrido algo que está en la base del sistema de numeración árabe, a saber, que una cifra simple, incluso el cero —conquista importantísima—, depende del puesto que ésta ocupe entre un número de cifras. Por ejemplo, en el número 222 la cifra 2 representa sucesivamente doscientos, veinte y dos.

95. *Le più antiche carte dell'abbazia di S. Maria di Valdiponte (Montelabbate)*, a cargo de V. De Donato: I, años 969-1170, Roma, Istituto Storico Italiano per il Medio Evo, 1962; II, años 1171-1200, Roma, Istituto Storico Italiano per il Medio Evo, 1988. Véanse en particular las observaciones del autor, vol. II. págs. XXI-XXII, que remite a las tesis, no publicadas, de D. Nebbiai y G. Silvestrini, defendidas en Perugia en los años 1975/1976 y 1985/1986. Se detiene ampliamente en el caso de Raniero di Perugia y de otros pocos notarios que usaron precozmente los números árabes: A. Bartoli-Langeli, *I notai e i numeri (con un caso perugino, 1184-1206)*, en *Scienze matematiche e insegnamento in epoca medioevale*, Atti del Convegno internazionale di studio, Chieti, 2-4 de mayo de 1996, al cuidado de P. Freguglia, L. Pellegrini y R. Paciocco, Nápoles, Edizioni Scientifiche Italiane, 2000, págs. 227-254. Agradezco a V. De Donato y A. Bartoli-Langeli su habitual disponibilidad y cortesía.

96. Madrid, Biblioteca San Lorenzo del Escorial, codex Virgilianus, ms. lat. D. I. 2, f. 9v. Véase también, en general: G. Ifrah, *Storia universale dei numeri*, Milán, Mondadori, 1983.

A finales del siglo XII un mercader, Leonardo Fibonacci («fì Bonacci», es decir, hijo de Bonaccio) de Pisa (h. 1170-1245) conoció por razones profesionales a algunos colegas de lengua árabe en Bujía, cerca de Argel, donde su padre era empleado de aduana. Aquí aprendió el sistema de cálculo que nosotros utilizamos habitualmente. De vuelta a su patria, en 1202, tradujo el nuevo método en un tratado, el *Liber abbacci*, método al que dio forma definitiva en 1228. Gracias a él la nueva numeración se difundiría primero por Italia y luego por toda Europa. En Pisa, obviamente, hay una escuela dedicada a su nombre: ¡al estar dedicada a una lumbrera de las matemáticas que verdaderamente ha existido nunca será sometida a la *damnatio memoriae* que arrolló al pobre Salvino degli Armati, inventor de las gafas!

El sistema introducido por Fibonacci, aun siendo muy superior al antiguo, basado en la enrevesada numeración romana, al principio vio su difusión obstaculizada por dos prejuicios: esas cifras habían sido inventadas por los infieles y podían sonar como una ofensa para la religión dominante. Habría sido más fácil imitar las escrituras comerciales repasando los guiones y las gentiles curvas de las cifras árabes, mientras que, en cambio, las rígidas astas de las cifras romanas eran difícilmente reescribibles. Sin embargo, fanatismo y tradicionalismo por fortuna no consiguieron pasar por encima de una invención que produjo extraordinarios progresos prácticos y científicos en Occidente.

Fibonacci introdujo en Europa, además de la numeración posicional árabe, las operaciones con números enteros y fraccionarios, la trigonometría y el álgebra. Pero no fue sólo un feliz divulgador, sino un verdadero genio matemático: hasta el punto de que en los tres siglos siguientes se añadió muy poco a sus soluciones y descubrimientos. Lamento de verdad, dada mi incapacidad para adentrarme en campos de tan alto nivel, comportarme como el lector no especializado, que se limita a afirmar y repetir la meditada admiración de los científicos.

«ANNO DOMINI»

Puesto que estamos hablando de números, nos surge una pregunta: ¿cuándo se comenzaron a contar los años desde el nacimiento de Cristo? Muy tarde: fue el monje Dionisio el Pequeño, que vivió en el siglo

VI, quien se preocupó de establecer la fecha de nacimiento del Redentor y la fijó en el 25 de diciembre de 753 desde la fundación de Roma.[97]

La fuente cronológica relativa al nacimiento de Cristo es el pasaje del Evangelio de Lucas 2, 1-2:

> Sucedió que por aquellos días salió un edicto de César Augusto ordenando que se empadronara todo el mundo. Este primer empadronamiento tuvo lugar cuando Cirino era gobernador de Siria. Iban todos a empadronarse, cada uno a su ciudad. Subió también José desde Galilea, de la ciudad de Nazaret, a Judea, a la ciudad de David, que se llama Belén, por ser él de la casa y familia de David, para empadronarse con María, su esposa, que estaba encinta.

Mateo (2,1-2) añadió al relato la estrella de los Magos y, sobre todo, situó el nacimiento de Jesús en tiempos del reinado de Herodes, al que aludía indirectamente también Lucas (1,5).

Después de muchos cálculos, Dionisio creyó que podía establecer el año preciso de la muerte de Herodes, pero se equivocó, porque el soberano murió sin duda en 4 a.C. Más difícil, en cambio, resulta establecer el tiempo exacto del censo de Cirino, que se produjo, en todo caso, entre 7 y 6 a.C.

El sistema de Dionisio fue adoptado muy lentamente. No se puede considerar difundido hasta el siglo IX d.C. (en tiempos de Carlomagno). Hoy los historiadores coinciden en considerar que Cristo nació cinco o seis años antes de los cálculos del monje: por tanto, nuestro milenio se cerró antes de que nos percatáramos.

El 25 de diciembre se convirtió en el día en que comenzaba el año. La Iglesia acogió esta fecha con alegría porque el día de Navidad se superponía, así, a la celebración del solsticio de invierno y a la fiesta de Mitra, dios de la luz, que los antiguos festejaban precisamente el 25 de diciembre.

La datación del nacimiento de Cristo se impuso en todo el mundo, independientemente de la religión practicada. Para los musulmanes el

---

97. Para indicar los años, los romanos se referían al nombre de los dos cónsules que en un determinado año estaban en el cargo. Por eso decían: «Bajo el consulado de… y de… ocurrió…». Hacia finales de la república eligieron como fecha la fundación de Roma, fijada en un tiempo que para nosotros es el 21 de abril de 753 a.C.

622, teóricamente el primero de su era,[98] es sustituido por el conteo a la occidental.

Todos nuestos «¿cuándo?» están ligados, pues, al cálculo, equivocado, de un monje medieval.

BANCOS, MONTES DE PIEDAD, MONTEPÍOS

Fueron los mercaderes los que difundieron y decretaron el éxito de la numeración árabe, mercaderes viajeros y mercaderes sedentarios que desde la sede central dirigían una red de socios y de empleados que los sustituían en los desplazamientos (fig. 39). Para los contratos de compraventa se hacían ayudar por un notario. Para la contabilidad empleaban un registro de partida doble, donde en una columna se anotaban los créditos y en la otra los débitos, como modo de saber inmediatamente el estado de las cuentas con simples operaciones de adición y sustracción. Usaban las letras de cambio, antepasadas de nuestros modernos cheques: en vez de hacer viajar grandes cantidades de dinero, éste era depositado en un banco (el antepasado de nuestros bancos). A cambio, el mercader obtenía el recibo (que valía tanto como el dinero dejado en custodia), y con éste saldaba sus deudas.[99]

Algunas compañías de banqueros se volvieron tan ricas como para hacer préstamos a clientes ilustres, al papa y a los reyes, siempre a interés, por supuesto, a pesar de que la Iglesia lo prohibía, considerándolo usura. Sin embargo, en las ciudades de los siglos XII y XIII, una tasa que no superase el 20 % era tolerada en la práctica cotidiana. Quien tuviera escrúpulos de conciencia siempre podía dirigirse a los judíos, que en el siglo XII y sobre todo en el XIII se dedicaban esencialmente al préstamo de dinero con interés (no necesariamente usurario): esta operación

---

98. Porque en este año Mahoma se vio obligado a refugiarse en Medina. En efecto, los musulmanes calculan los años de la hégira, que en árabe significa fuga.

99. F. Melis, *Documenti per la storia economica dei secoli XII-XVI*, Florencia, Olschki, 1972; M. Spallanzani, «A Note on Florentine Banking in the Renaissance: Orders of Payment and Cheques», en *The Journal of European Economic History*, vol. VII, 1978, págs. 145-168; F. C. Lane, *I mercanti di Venezia*, trad. it., Einaudi, Turín, 1982; F. Melis, *La banca pisana e le origini della banca moderna*, a cargo de M. Spallanzani, Florencia, Le Monnier, 1987.

les estaba teóricamente prohibida a los cristianos, que habrían cometido pecado, porque el interés, como acaba de decirse, era considerado una forma de venta de tiempo, que pertenece a Dios.

Los banqueros también ejercitaban el oficio de cambistas: en su banco siempre tenían una balanza en la que pesar las monedas, de distinto peso y metal, para calcular el cambio, ocasión de grandes ganancias.

Sin embargo, la rápida circulación del dinero, además de un más difuso bienestar, también llevó a una serie de desequilibrios, a rápidos reveses de fortuna, creando junto a los viejos pobres (campesinos, asalariados, enfermos, personas solas) otros nuevos: bastaba con no devolver una suma a tiempo para arruinarse. Los franciscanos Bernardino da Feltre y Barnaba da Terni, en el intento de poner remedio a tantos episodios de indigencia repentina, fueron los creadores de una nueva institución, el Montepío (el primero fue fundado en Perugia en 1462), que conoció un gran éxito, en especial cuando el papa León X, en 1515, reconoció la licitud del interés, si estaba destinado a cubrir los gastos de gestión.

Bernardino da Feltre, en particular, se dedicó con gran energía hasta su muerte, acaecida en 1494, a la realización de esta nueva institución, predicando incansablemente y organizando espectaculares procesiones para promover la implicación emocional de las personas y su generosidad. Bernardino sostenía que había tenido una revelación divina. En sus homilías se enumeran los motivos que concurrieron a la invención del Montepío. El fraile, definido como «martillo de los usureros», ante todo no quería que las transacciones económicas siguieran en manos de los judíos prestamistas, de los «infieles». Por otra parte, tenía muy presente el contexto social en que diversas personas de condición relativamente modesta, para sus pequeños comercios o para imprevistas emergencias, tenían necesidad de encontrar con urgencia una fuente de dinero: le parecía intolerable que el único recurso fuera enriquecer a los judíos o, en todo caso, a los usureros.

Bernardino incitó, pues, a quienes eran suficientemente acaudalados a privarse de una pequeña parte de su riqueza para constituir con estas donaciones voluntarias un «monte», un montón de dinero del que pudiera echar mano quien lo solicitara. Una vez iniciada la empresa, alimentada por los benefactores, los legados testamentarios y la ayuda del Municipio (que a menudo ponía a disposición su sede y entregaba al Monte también algunos ingresos), fijados los estatutos y elegidos los operadores, la institución comenzaba a funcionar. Quien recurría al Monte recibía dos tercios del valor de la prenda depositada: pobre sí, pero no indigente.

La práctica de acumular recursos era ya ampliamente practicada desde hacía tiempo por varios Municipios. De este modo se procuraban sumas con las que afrontar determinadas situaciones. Por ejemplo, en 1394 los ciudadanos de Bolonia se habían visto obligados a suscribir un préstamo a favor del Municipio, recibiendo un interés del 10 %. En una miniatura que adorna una página de un registro expresamente redactado para la ocasión, el *Libro de los acreedores del Montepío* (fig. 40), vemos al patrono san Petronio con la miniatura de la ciudad en la mano, mientras muestra su aprobación por la iniciativa, bendiciendo el monte de dinero que descuella detrás de un cofre y algunos sacos medio abiertos, también llenos de dinero.

La idea nueva fue convertir el préstamo obligatorio en voluntario y transferir las finalidades del campo político al ético. A los fieles se les pidió que tomaran como modelo la piedad que Cristo había demostrado por el género humano, inmolándose en el monte del Calvario, y que la aplicaran a paliar los sufrimientos del prójimo a través de la donación de un poco de dinero.

El símbolo de la nueva institución, que en las primeras imágenes Bernardino da Feltre muestra en la mano, es una masa rocosa revestida de monedas, dentro de la cual está clavado un estandarte con la figura de Cristo «en piedad». Más tarde la roca toma la forma de los tres montes, el del centro siempre más alto, con tres cruces, una explícita alusión al Calvario (fig. 41). El estandarte queda completado con las inscripciones que invitan a la caridad y a cuidar del prójimo, a distanciarse de cualquier preocupación terrenal, prometiendo la ganancia más lucrativa de una recompensa celestial: «Curam illius habe», «Nolite diligere mundum» (fig. 42), «Thesaurizate vobis thesaurum in celis» («Cuida de él», «No os deleitéis con las alegrías de este mundo», «Acumulad más bien un tesoro en los cielos»).[100]

Bernardino, entusiasmado con su idea, explicaba, en una mezcla de latín y lengua vulgar, que dar al Monte quería decir cumplir todas jun-

100. Sobre el Montepío y para la bibliografía al respecto se remite al ensayo de M. G. Muzzarelli, *Da sentimento a istituzione: l'ideazione del Monti de pietà*, en el catálogo de la muestra, que corrió a su cargo: *Uomini, denaro, istituzioni. L'invenzione del Monte di pietà*, Bolonia, Costa editore, 2000, págs. 9-29.

tas las siete Obras de misericordia, porque sólo con ese dinero el necesitado habría podido a la vez ser socorrido en todas sus necesidades:
«Si das vinum non das panem; si panen non vestitum, si etc., non das
denarios ad solvendum debita, medicinas etc. Da Monti et dedisti omnia. Hic imples septem opera pietatis. De illo denario subvenitur a chi
compra panem, vinum, vestitum, medicinas et omnia etc.».[101]

En una xilografía (un grabado con matriz de madera) que acompaña la «Tabla de la salud», compuesta en 1494 por Marco da Montegallo (fig. 43) y titulada *La figura de la vida eterna*, está representado todo
el articulado mensaje del Montepío.

La lectura de la imagen comienza desde abajo: a la izquierda, un
fraile desde el púlpito se dirige a un numeroso público que, evidentemente conmovido por las palabras escuchadas, contribuirá generosa-
mente al Monte, hasta el punto de que ya recibe la corona celestial de
algunos ángeles revoloteantes. Frente al predicador, a la derecha, hay
un sacerdote que está celebrando la misa. La elevación de la hostia evo-
ca el sacrificio de Cristo, que emerge «en piedad» por encima del cele-
brante entre los símbolos de la Pasión, según la iconografía de la «misa de san Gregorio».[102] De este modo se sugiere un vínculo visual entre
la piedad del individuo por su prójimo, solicitada por el fraile, y la piedad divina pedida por el sacerdote por la humanidad pecadora.

Inmediatamente por encima, en el centro del folio, descuella un
montón de dinero[103] que la inscripción define como: *Mons pietatis*. De
éste cogen los tradicionales destinatarios de las Obras de misericordia:

---

101. Muzzarelli, *Da sentimento, op. cit.*, pág. 20. Las Obras de misericordia corporal son: dar de comer al hambriento, de beber al sediento, vestir al desnudo, alojar al
peregrino, visitar a los enfermos, visitar a los presos, enterrar a los muertos (esta obra
de misericordia no fue añadida hasta el siglo XIV). Sobre este tema, véase: M. Chiellini
Nari, *Le opere di misericordia per immagini*, en *La conversione alla povertà nell'Italia dei
secoli XII-XIV*, Atti del XXVII Convegno storico internazionale, Todi, 1990, Centro Italiano di Studi sull'Alto Medioevo, Spoleto, 1991, págs. 415-447.

102. Sobre la «misa de san Gregorio», es decir, sobre la aparición, en el altar donde el papa celebraba la Eucaristía, de Cristo en la cruz rodeado por los instrumentos de
la Pasión (las imágenes más antiguas son de mediados del siglo XIV), véase: *Die Messe
Gregors des Grosse. Vision, Kunst, Realität*, a cargo de U. Westfehling, Colonia, Schnutgen Museum-Köln, 1982.

103. Mi lectura de la imagen se aparta decididamente de la de Muzzarelli, *Da sentimento, op. cit.* pág. 19. En particular el Monte no me parece precisamente una colme-
na, basta compararlo con el señalado por san Petronio (cfr. fig. 40).

a la izquierda, pobres, enfermos, peregrinos y desnudos; a la derecha, hambrientos, sedientos y presos (probablemente por deudas). El camino hacia el cielo prosigue con una tercera etapa: dos grupos rigurosamente divididos por sexo están arrodillados al fondo de un paisaje de colinas lleno de ciudades: representan a los *misericordes* que en esta tierra disfrutan de la condición de futuros elegidos, a la espera de alcanzar, superada la barrera de las esferas celestiales, a Cristo, la Virgen y toda la corte paradisíaca. El Salvador con los signos de la Pasión y la Virgen que pisa la apocalíptica luna creciente están dispuestos a los lados de un disco de corona radiante. La imagen no está terminada o debía ser coloreada con posterioridad. Es fácil concluirla incluyendo en el círculo solar el monograma de Cristo, IHS,[104] que otro franciscano, Bernardino da Siena, había propuesto a la adoración de los fieles. De este modo el *Mons pietatis* de la xilografía se ofrece como pedestal de un estandarte ideal, una asociación simbólica que podía ser perfectamente descifrada desde el momento en que el mismo Bernardino da Feltre fue representado con el «trimonte» en el que está grabado el descollante monograma de rayos, completado por la inscripción habitual: *Mons pietatis* (fig. 42).

Estrazas preciosas: la fabricación del papel

La xilografía de la que acabamos de hablar estaba impresa obviamente sobre papel: otra importantísima invención del Occidente medieval, sobre todo porque hizo posible una segunda y revolucionaria invención, la de la imprenta de carácteres móviles.

Los chinos, que parece que lo hayan inventado todo con una anticipación de varios siglos respecto de Occidente, fabricaban papel ya en el siglo II a.C. En 610 d.C., la técnica era conocida en Corea, desde donde se difundió a Japón. En el siglo VIII todo Oriente y los árabes del África septentrional sabían fabricar papel. Hacia 1150 tenemos noticias de una papelera en España y en el mismo período conocen el papel también los normandos de Sicilia. En efecto, el primer documento

---

104. Las letras IHS son la abreviatura latina de las iniciales de las palabras griegas para indicar a Jesús.

en papel que se ha conservado proviene de la cancillería de los reyes normandos establecidos en la isla. Es un mandato de la condesa Adelasia, primera mujer de Rogerio I, escrito en el año 1109 en griego y árabe, conservado en el Archivo de Estado de Palermo (fig. 44). Comparado con el mucho más fiable pergamino, usado para escribir y miniar a mano un libro destinado a durar en el tiempo, el papel se consideró al principio una material frágil. Fue la invención de la imprenta la que multiplicó su uso.

Para obtener un folio había que coger retales de tela (en China retales de seda, pero también fibras de plantas, como la morera o el bambú), cortarlos en trocitos y machacarlos hasta reducirlos a polvo: una operación larguísima y ejecutada con manos de mortero de madera, hasta que los árabes introdujeron una gran mejora: los mazos. Los enormes martillos de dos cabezas de metal, accionados por energía hidráulica, machacaban los retales dentro de tinajas de piedra, de las que chorreaba un hilillo de agua. Obtenido el empaste, luego se diluía añadiéndole más agua. En este punto el papel estaba casi listo: se sumergía un telar formado por un marco al que estaba fijada una red de mallas densísimas (en Oriente hecha de filamentos de bambú, en Europa, de hilos metálicos). Extraído el bastidor, en la red se había depositado una delgada capa de papilla que, secada, constituía el folio de papel. Una mejora notable fue el encolado, es decir, pasar sobre la página un velo de cola para hacerla parcialmente impermeable a la tinta, que podía fijarse en el folio sin quedar «absorbida». Cuando en la escuela, en mi generación, aún se escribía con tintero y plumilla, ¡cuántas manchas fueron afrontadas con temor, sumergiendo en la brillante bolita negra la punta del folio de papel secante, es decir, de papel sin encolado, esperando que hiciera de dique de nuevas manchas e inevitables lágrimas!

Si en el hilo metálico del cedazo que contiene la delgada capa de empaste se inserta un dibujo formado por el mismo hilo metálico, en el folio seco queda una impronta que se ve nítidamente a contraluz. Esta impronta, la filigrana, normalmente indica el fabricante o la papelera de procedencia, la fecha de fabricación o la calidad del papel (fig. 45).[105] La

105. C. M. Briquet, *Les Filigranes, dictionnaire historique des marques du papier dès leur apparition vers 1282 jusqu'en 1600*, a facsimile of the 1907 edition with supplementary material contributed by a number of scholars, a cargo de A. Stevenson, Ámsterdam, The Paper Publication Society, 1968.

filigrana, una innovación de la segunda mitad del siglo XIII, es importantísima para reconocer los billetes de banco verdaderos de los falsos. En la Italia medieval, la ciudad de Fabriano (Ancona) era renombrada por sus papeleras y la calidad del producto obtenido. Fama que dura todavía hoy. Precisamente en Fabriano, hasta hace pocos años, se imprimían los billetes italianos y los de muchos otros países europeos.

EL LIBRO SE AFANA. LA IMPRENTA DE CARÁCTERES MÓVILES, UNA INVENCIÓN REVOLUCIONARIA

El gran florecimiento de la cultura en el Renacimiento está ligado a la invención de la imprenta de carácteres móviles, que hizo posible la producción rápida de un gran número de copias de libros, relativamente poco costosas, aumentando simultáneamente su circulación. Fue precisamente la imprenta la que hizo despegar la industria del papel, porque los libros se imprimían y se imprimen en papel.

Parece que fue el tipógrafo Johannes Gutenberg (h.1400-1468) de Maguncia (Alemania) quien tuvo la idea, a mediados del siglo XV, de esculpir en relieve en la cabeza de muchos pequeños bastoncillos de metal, bien escuadrados, las letras del alfabeto. Es decir, modeló unos carácteres, en muchas series, para poder componer, según la necesidad, una página de un libro. Los carácteres se disponían en líneas y éstas se disponían dentro de un marco rectangular. La página en blanco era presionada sobre la lámina de metal, así compuesta y velada de tinta. Hecho esto, sólo había que revisar el primer folio impreso, corregir los eventuales errores cambiando la disposición de los carácteres y volver a imprimir, para obtener el número deseado de copias, todas idénticas y sin errores. Terminada la copia de esa página, los carácteres, retirados del marco, estaban listos para utilizarlos de nuevo: así se inventó la imprenta «de carácteres móviles». Los libros impresos hasta el año 1500, los *incunables*, son hoy muy raros y preciosos. Corresponden a un tiempo en que la imprenta estaba en pañales, porque los pañales de los recién nacidos en latín se llamaban «incunabola».

En torno a la década de 1460, la invención de Gutenberg y los medios para ponerla en práctica habían atravesado los Alpes hacia Italia, transportados por recuas de mulas, junto a dos emprendedores tipógrafos de Maguncia: Sweynheym y Pannartz. El pequeño cortejo no apuntó de inmediato a Roma, sino que fue hacia los monasterios benedictinos de Subiaco.[106]

En efecto, en el monasterio de Santa Escolástica se daban todas las condiciones para que el nuevo arte se encontrara a gusto: amplios espacios, una rica biblioteca que habría suministrado los manuscritos para imprimir, la colaboración de monjes cultos y adiestrados en escribir, miniar y encuadernar los códices. Quizás haya habido otras razones para decidir este itinerario: la presencia de benedictinos alemanes indujo a los dos tipógrafos (Sweynheym y Pannartz eran clérigos), sugiriendo Subiaco como el lugar más adecuado para instalar la primera tipografía italiana: pero son sólo suposiciones.

En Subiaco los dos impresores trabajaron intensamente, pero después de pocos años, en 1467, arribaban a Roma, a la casa de los Massimo, mercaderes y banqueros, probablemente cercana a Campo de Fiori. El centro de Roma estaba situado en aquel tiempo en el recodo del Tíber, entre la actual Plaza Navona, el Campo de Fiori y el Palacio Venecia. Aquí latía el corazón económico de la ciudad y aquí se encontraban las tiendas y las librerías donde eran copiados y vendidos los manuscritos. Esos mismos comercios acogieron con entusiasmo los productos del nuevo arte tipográfico. Los libros impresos se difundieron rápidamente, porque los mercaderes y banqueros comprendieron de inmediato las potencialidades de beneficio ligadas a la invención del libro impreso.

En diez años se imprimieron en Roma cerca de ciento sesenta mil volúmenes; volúmenes para todos, ricos y pobres. El texto escrito había sido hasta entonces privilegio de unos pocos. La introducción de la imprenta de carácteres móviles fue un cambio extraordinario, similar al provocado en nuestros días por la informática. No sólo cambió la forma de los libros, sino también la mente de los lectores.

Aún en tiempos de Gutenberg, los copistas que empuñaban la pluma escribían en gótico: un tipo de escritura con letras muy estrechas y partidas en ángulos agudos, que hacía ahorrar espacio (en arquitectura

---

106. Véase el catálogo de la muestra: *Gutenberg e Roma. Le origini della stampa nella città dei papi (1467-1477)*, a cargo de M. Miglio y O. Rossini, Nápoles, Electa, 1997.

el estilo gótico de arcos apuntados y bóvedas de ojival muestran una sorprendente analogía con las formas caligráficas). En Italia, en cambio, entre los siglos XIV y XV, hizo su aparición una escritura muy alejada de las formas góticas. La admiración por la escritura nítida, clara y simple de los manuscritos de época carolingia (de los siglos IX-X, pero que se mantuvo en uso hasta el siglo XII) indujo a los humanistas a elegir la minúscula «carolingia» como la mejor escritura, a la que dieron difusión: la llamaron *littera antiqua* porque creyeron que era la usada por los antiguos romanos. Así reprodujeron el alfabeto garboso y redondeado de la carolingia, reaccionando ante la angulosa gótica hasta entonces dominante. Con pocas modificaciones, la *littera antiqua* es la minúscula de nuestros carácteres de imprenta, de los libros y de la escritura a máquina o del ordenador.

En los primeros tiempos, los tipógrafos intentaron reproducir lo más fielmente posible la grafía de los amanuenses, dado que sus libros debían ser leídos por un público habituado al códice. El comprador, además, quería encontrar la riqueza de los colores de las miniaturas, las hermosas iniciales en rojo del folio de los pergaminos y no renunciaba a ellos de buena gana. Gutenberg imprimió en 1450 su primera Biblia en latín, llamada de las 36 líneas (que eran las que había por columna), aún muy impregnada de espíritu medieval: sobre pergamino y en carácteres góticos (fig. 46). El texto fue posteriormente completado por el miniaturista, que añadió frisos y colores en los espacios dejados vacíos, con profesional previsión.

En Venecia, cuna del Renacimiento italiano, Aldo Manuzio reprodujo, en cambio, con carácteres de metal la *littera antiqua*, destinada a ser usada en el siglo XVI en toda Europa, modelo para innumerables impresores (fig. 47). Manuzio fue también el inventor de la «itálica», una elegante cursiva inclinada inspirada en la caligrafía de Petrarca. Inventó asimismo, abandonando el modelo de los costosos manuscritos de grandes dimensiones, un libro accesible y de pequeño formato: verdaderamente el libro se hizo «en cuatro» (ver pág. 35).

Capítulo 2

De todo un poco

«BREVIARIOS DEL DIABLO SON LAS CARTAS Y LOS NAIPES.»
JUEGOS DE ADULTOS: CARTAS, TAROT, AJEDREZ Y BATAYOLAS

En 1425 Bernardino da Siena arremete, como de costumbre con vehemencia, contra el juego en todas sus formas, acusándolo de ser el principal medio con que el hombre es arrastrado a pecar y a perder el alma.[1] El predicador imagina de manera muy colorida una misa del diablo, donde cada gesto y paramento litúrgico se convierten en acto e instrumento de juego.[2]

El misal son los dados, que como ves el dado es de veintiún puntos, tal como el misal del cristiano está compuesto de veintiuna letras desde el *a, b, c*. Las letras del misal del diablo están en el hueso. Las letras están hechas con el estiércol del diablo, porque la tinta es su estiércol. Breviarios del diablo son las cartas y los naipes. Y los rizos de las mujeres son los naipes pequeños. El sacerdote es quien juega. Tú sabes que los bre-

---

1. Sobre este tema y, en general, para una reflexión sobre el juego en la Edad Media, entre reglamentación y prohibición, cfr. A. Rizzi, *Ludus/ludere. Giocare in Italia alla fine del Medioevo*, Treviso-Roma, Fondazione Benetton Studi Ricerche Viella, 1995.
2. San Benardino da Siena, *Le prediche volgari* publicadas por el padre C. Cannarozzi O.F.M., *predicazione del 1425 in Siena*, vol. I, Florencia, Rinaldi, 1958, sermón XII, 6 de mayo, págs. 181-183.

viarios están miniados; así están los naipes. Las letras son mazas, cosas de locos; copas, cosas de borrachos y taberneros; dinero, cosa de avaros; espadas, cosas de disputas, broncas y muertes. Las letras miniadas son: rey, rey de los bellacos; reina, reina de las bellacas; arriba, sodomía; abajo, lujuria.

Bernardino distingue las cartas de los *naipes*, es decir, las cartas de tipo corriente de las cartas decoradas a mano: piensa en cartas de tipo «latino» con bastos, copas, oros y espadas (fig. 48), y puesto que, de costumbre, el loco o el demente está representado con una maza en la mano —basta pensar en la *Stultitia* de Giotto en la capilla Scrovegni de Padua (fig. 49)—,[3] dice «mazas, cosas de locos»; los otros tres signos sirven para caracterizar tres tipos distintos de pecadores.

La representación realista del cuerpo de guardia del castillo de Issogne en Val d'Aosta, en los frescos de comienzos del siglo XV de las lunetas del pórtico del mismo castillo, simboliza a los soldados en un momento de pausa (fig. 50). Sus pasatiempos parece que dieran la razón a san Bernardino: quien juega a tablas reales, quien a tres en raya, quien a cartas, pero el exceso de vino ya ha hecho que desenvainaran la espada y la chica que está en medio del grupo no puede ser, desde luego, de buenas costumbres.

Volvamos a nuestro predicador: Bernardino, siguiendo con su misa «figurada», pasa a las figuras de los reyes y las reinas, que se convierten en cabecillas de la gente de malvivir. Más precisamente, en la baja Edad Media los «bellacos» constituyen una precisa categoría jurídica. Hoy los llamaríamos vagabundos: gente sin domicilio fijo ni fuente de ingresos segura. Entre sus filas se contaban sobre todo los jugadores de azar, los chulos de prostitutas, los mendigos vigorosos, los juglares y los saltimbanquis.

Bernardino apunta también a los sodomitas, una categoría contra la que en todos sus sermones se ensaña especialmente, evocada por las dos medias figuras idénticas y unidas, una con la cabeza arriba y la otra con la cabeza abajo. Es más, una misma carta sirve para recordar tanto la lujuria en general como la sodomía en particular.

3. C. Bellinati, *Atlante della Cappella degli Scrovegni*, Vianelli Libri, Ponzano-Treviso, 2000, fig. de la pág. 135. Por desgracia, la inscripción está casi borrada. Sólo se lee: «Gerens pennas fatuus… lignum arens…» («el necio se viste de plumas… un leño seco…»).

Bernardino prosigue su sermón con un escueto contrapunto entre las diversas fases de la misa —en aquel tiempo el sacerdote oficiaba en latín— y los momentos del juego:

Introibo cuando dice: «¿Jugamos?». Responde el clérigo: «Sí». *Kyrie eleison*: cada uno reúne su dinero. *Gloria in excelsis Deo*: éstos glorifican al diablo y blasfeman a Dios. *Dominus vobiscum*: sórdido. *Et cum spiritu tuo:* zara [de un juego de dados]. Dispuso san Jerónimo que esta zara fuera Lucifer. *Oremus*, la oración, son los suspiros por las pérdidas. La *pistola* [*Epistola*]: están tan borrachos que no comerían con tal de jugar. *Sequentia sancti Evangeli*: pierdes. *Gloria tibi Domine*: gano. *Credo in unum Deum*: cuando, para ganar, se las ingenian para tener la horca del colgado. La *offerta* es la patena y la apuesta que tú pones, y la *hostia* es el gran blanco [el dinero de plata]. El *calice* es el vaso de vino; la *Segreta* es la ira que te corroe de rabia; el *prefazio* es cuando tú te lamentas de haber perdido diciendo: «¡Ay de mí!». El *consecrare* es que tu dinero se transmuta en suyo [...] *Dominus vobiscum*: has hecho mal mientras has podido. *Et cum spiritu tuo*: y también se lo has hecho hacer a quien ha jugado contigo. *Ite missa est*: ahora ves que has hecho mal y te desesperas. *Deo gratias*: llevas a la práctica tu desesperación y a veces te quitas la vida. El Evangelio se ha confirmado, por el mal hecho aquí, pagarás eternamente allí.[4]

No se sabe con exactitud cuál es el origen de las cartas de juego, a pesar de las diversas hipótesis formuladas. Es un hecho que fueron una auténtica innovación entre las diversiones del hombre medieval y que hicieron su aparición, sin duda, en la Europa del último cuarto del siglo XIV. Son rarísimos los ejemplares que nos han llegado, por su fragilidad y porque no estaban concebidas para ser guardadas.

Desde la aparición de las cartas de juego, los reyes de Francia se interesaron muchísimo en su fabricación para poder extraer de ellas beneficios fiscales. El control monárquico sobre este tipo de juego se refleja en la visión de la sociedad extremadamente jerarquizada que las cartas representan, donde el soberano es la figura dominante.[5]

Las raras barajas conservadas son las destinadas a las grandes familias de la aristocracia: los Visconti, los Sforza y los Estensi. En realidad,

4. Es inútil decir que la cita de san Jerónimo es inventada.
5. J.-M. Mehl, *Les rois de France et les cartes à jouer*, en «Ludica», II, 1996, págs. 211-220.

son tarots: a las cartas de juego normales se añadieron otras veintidós, llamadas *atout* o «arcanos», representando los diversos símbolos o estados del mundo: el Papa o la Papisa (Juana), la Muerte, el Juicio universal, la Fuerza, el Ahorcado (fig. 51), y así sucesivamente. La baraja conservada en la Biblioteca Nacional de París y conocida como «tarot de Carlos VI» (1368-1422) fue realizada, en realidad, a finales del siglo XV y en Italia. Otra baraja famosa por estar casi completa y por la preciosidad de su ejecución (fondo de oro, toques de plata para armaduras y vestidos) es la baraja de «los Visconti», por desgracia dividida entre la Academia Carrara de Bérgamo y la Pierpont Morgan Library de Nueva York: fue realizada en un tiempo comprendido entre 1441 (que es la fecha del matrimonio de Francesco Sforza con Bianca Visconti, hija de Filippo Maria, duque de Milán) y 1447, año en que falleció el duque.[6] Naturalmente, cartas y tarots podían ser de factura mucho más modesta, simples litografías posteriormente coloreadas.

Nacidos estos tarots para el esparcimiento de la corte, de gente rica y afortunada —según la leyenda, se los habrían propuesto a Carlos VI para mitigar su locura—, se convirtieron, a partir del siglo XVIII y hasta nuestros días, en los interlocutores y confortadores de la pobre gente ansiosa por conocer el propio destino en la esperanza de un futuro mejor, segura del carácter y el poder adivinatorio de estas cartas, con gran despilfarro de dinero y gran alegría de los magos y las adivinas que lo reciben.

EL AJEDREZ, JUEGO DE REYES

A diferencia de las cartas y los dados, pasatiempos de taberna ligados a la suerte, asociados al exceso de bebida, a las riñas y a las blasfemias, el ajedrez no atrajo la reprobación de los predicadores: era un juego de ingenio, sutil y rebuscado pasatiempo de reyes y nobles. Incluso el dominico Iacopo de Cessolis lo utilizó como metáfora de toda la sociedad medieval en su *Ludus scaccorum*, compuesto a principios del siglo XIV, trama de una supuesta homilía: el tablero es la ciudad donde se mueven los representantes de todas las clases sociales, con sus

---

6. G. Mandel, *I tarocchi dei Visconti*, Bérgamo, Monumenta langobardica, 1974.

vicios y virtudes. En la primera miniatura del manuscrito de 1458 conservado en la Vaticana[7] (fig. 52), el dominico muestra desde el púlpito
un gran tablero como si predicara, moviendo arriba y abajo los peones
como marionetas.

También un sacerdote, en un cuento de Sacchetti, era un «gran jugador de ajedrez» y siempre «daba jaque» a un gentilhombre con el
que le agradaba pasar el tiempo. Se encontró la casa quemada, porque
como cada vez que ganaba obligaba a los campesinos a que vinieran
para constatar su victoria con el sonido de la campana, en el momento
en que les pidió ayuda para que apagaran el fuego, lo dejaron solo delante del incendio. Los parroquianos, hartos de interrumpir su trabajo
en los campos, creyeron que la campana de martillo sonaba por el jaque mate. Y el párroco concluye: «Ahora ya sabría qué hacer; cerraría
el establo, dado que he perdido los bueyes».[8]

El juego de ajedrez representado en numerosísimos cofres y cu-
biertas de espejo de marfil de los siglos XIV y XV, siempre jugado por reyes, damas y caballeros, se vuelve hasta tal punto símbolo de la aristocracia que un rico comerciante deseoso de promoción social puede
quererlo pintado en su cámara nupcial en la trágica historia de la *Chastelaine de Vergy*. Éste es el caso de las pinturas del Palacio Davanzati en
Florencia, donde la historia de los infelices amantes[9] fue pintada al fresco con ocasión de la boda, en 1395, de Tommaso Davizzi, entonces
propietario del palacio, con Caterina degli Alberti (fig. 53).[10]

Según Iacopo de Cessolis el ajedrez habría sido inventado por un
filósofo como astuto medio pedagógico para corregir al cruel Evilmerodach, hijo de Nabucodonosor, sin correr el riesgo de perder la vida.
Este relato está representado en el fragmentario mosaico del pavimento de San Savino en Piacenza, de finales del siglo XII (fig. 54). Por lo de-

7. C. Frugoni, *Das Schachspiel in der Welt des Jacobus de Cessolis*, en *Das Schachbuch des Jacobus de Cessolis, Codex Palatinus Latinus 961* [vol. I, Textos; vol. II, edición
en facsímil], Stuttgart, Belser Verlag, 1988, págs. 35-75.

8. Sacchetti, *Il Trecentonovelle, op. cit.*, cuento CLXXIV, págs. 534-536.

9. La mujer de un duque, rechazada por el joven caballero fiel a su enamorada (la
castellana de Vergy), lo acusa ante su marido de intento de violación. La historia prosigue
con una serie de trágicos golpes de efecto y concluye con el suicidio de los dos amantes.

10. C. Frugoni, *Le decorazioni murali come testimonianza di uno «status symbol»*, en
Un palazzo, una città: il Palazzo Lanfranchi, Pisa, Pacini, 1983, págs. 141-145, pág. 142.

más, numerosas piezas de ajedrez, provenientes de la Italia central y meridional, datables entre finales del siglo XI y finales del XII, demuestran la gran difusión que había alcanzado este juego.

En San Savino, en el interior de un tondo, un hombre en el trono recuerda, con el sol y la luna en la mano, la habitual iconografía de *Annus*. De un lado y del otro del clípeo se disponen cuatro recuadros: en el superior, a la derecha, un rey en el trono (*rex*) mira un libro con la inscripción *lex*, que le enseña un valet arrodillado. Arriba aparece la inscripción *iudex*, que debía de pertenecer a un personaje destruido. En el recuadro inferior, un hombre anciano, con barba y bigotes, explica el juego del ajedrez —el tablero está representado en perspectiva volcada para dar una mejor visibilidad a alguien por desgracia ya no visible—. Del otro lado, en el recuadro superior, dos guerreros en lucha. En el inferior, gravemente comprometido, una figura sentada, sin duda un jugador de dados, y un bebedor con el vaso en la mano. Según la exégesis de William Tronzo,[11] que aporta una serie de convincentes comparaciones, el mosaico muestra que el juego de dados, sometido a la fortuna, hace nacer la violencia de las riñas, y el del ajedrez, que comporta reflexión e inteligencia, produce efectos benéficos: el filósofo (el personaje bigotudo) está enseñando a Evilmerodach a ser respetuoso con las leyes.

El ajedrez habría tenido su origen en la India del siglo VI. Desde allí se difundió hacia Oriente y, a través de Persia, hacia Occidente. Entre junio y diciembre de 1058, san Pedro Damián, entonces cardenal obispo de Ostia, escribió a Gerardo de Florencia, luego papa Nicolás II, y al archidiácono Ildebrando, futuro Gregorio VII, lamentándose de haber encontrado al obispo de Florencia[12] concentrado en el juego del ajedrez.[13] Contó que había reconvenido con dureza al «pecador» advirtiéndole que, según el derecho canónico, un obispo que jugara a los dados podía ser depuesto («Praesertim cum canonica decernat aucto-

11. W. L. Tronzo, *Moral Hieroglyphs: Chess and Dice at San Savino in Piacenza*, en «Gesta», XVI, 1977, págs. 15-26.

12. Este obispo no ha sido identificado con seguridad. Para el pasaje y el correspondiente comentario, véase: *Die Briefe des Petrus Damiani*, a cargo de K. Reindel, Munich, Monumenta Germaniae Historica, 1988, pte. II, nos 41-90, n° 57, págs. 187-188.

13. H. J. R. Murray, *A History of Chess*, Oxford, Clarendon Press, 1913, págs. 408-415.

ritas, ut aleatores episcopi deponantur»). El acusado se había defendido diciendo que «una cosa eran los dados y otra el ajedrez. Por tanto, si la autoridad prohibía expresamente los dados, por el hecho mismo de no decir nada a propósito del ajedrez, lo permitía». San Pedro Damián entonces recuerda triunfalmente: «Por eso el texto no habla del ajedrez —dijo—, porque el juego de los dados comprende los dos tipos de juegos, de dados y de ajedrez» y concluye: «Puesto que aquel obispo era de ánimo apacible y de gran inteligencia» («ille mitis est animi et perspicacis ingenii»), se rindió y aceptó la penitencia impuesta.[14] Evidentemente, esas dotes habían hecho que el imputado valorara el poder de quien tenía enfrente.[15]

En el curso de su largo viaje de Oriente a Occidente, el ajedrez sufrió una serie de modificaciones, algunas sustanciales. Se mantuvieron sin variaciones las piezas correspondientes al Rey, el Caballo y los Peones. El árabe *Ualfil* (o sea, elefante), se convirtió en un hombre: *Alfil* en español, *Alfiere* en italiano, *Fou* (loco) en francés y *Bishop* (obispo) en inglés. El *Rukh* árabe-persa, el camello, traducido al latín *Rochus* se transformó en *Torre*. El *Fers*, el visir, el comandante de Oriente, cambió incluso de sexo, convirtiéndose en *Fiers*, o sea, la Virgen, la Dama o la Reina, un personaje muy poco apropiado en un juego que simula una guerra. Sin embargo, en el más hermoso conjunto de piezas conservado hasta la Revolución francesa en el tesoro de Saint-Denis, conocido como «el tablero de Carlomagno» (en realidad, de finales del siglo XI), encontramos aún el elefante en el puesto del alfil, probablemente por el influjo de modelos árabes, dado que este ajedrez fue elaborado en el sur de Italia (fig. 55).[16]

Los peones medievales no tenían libertad de movimiento ni de atacar desde lejos. Como hoy, avanzaban con pequeños pasos, imitando la manera de combatir de la época feudal, que era esencialmente un enfrentamiento cuerpo a cuerpo.

---

14. «Aliud scachum esse, aliud aleam. Aleas ergo auctoritas illa prohibuit, scachos vero tacendo concessit. Ad quod ego: scachum, inquam, Scriptura non ponit, sed utriusque ludi genus aleae nomine comprehendit»: *Die Briefe, op. cit.*, pág. 188. El texto corresponde a Migne, Patrologia Latina, XCLV, *Opusculum vicesimum, Apologeticus ob dimissum episcopatum*, XX, 7, col. 454.

15. Según Murray, *A History, op. cit.*, pág. 409, el obispo quizá jugaba al ajedrez ayudándose con los dados.

16. M. Pastoureau, *L'échiquier de Charlemagne*, París, A. Biro, 1990.

Violentos choques entre grupos a pie connotaban, en cambio, sobre todo en las ciudades de la Italia municipal centro-septentrional, los juegos colectivos definidos como «batayolas», una forma de adiestramiento militar para garantizar la defensa urbana. Los contendientes, de todas las clases sociales, se enfrentaban a puñetazos o con piedras y palos en una especie de combate ritual en períodos determinados, normalmente en carnaval: un juego violento que siempre provocaba heridos y que podía dejar en el campo numerosos muertos.[17] Las batayolas sobreviven en nuestros días en el carnaval de Ivrea, donde las naranjas han tomado el puesto de las piedras: aunque de manera atenuada, terminado el combate siempre acaba alguien en el hospital.

CARNAVAL, EL «CARNELEVARE», UNA FIESTA TOTALMENTE PROFANA

El carnaval de Ivrea es el único que mantuvo, en Italia, un vínculo con la Edad Media, época en que nace esta fiesta: ni el de Venecia, que volvió a despertarse hace unos treinta años, ni el de Viareggio, con los carros alegóricos y los fantoches de cartón piedra, instituido en 1873, pueden jactarse de una tradición ininterrumpida. Es más, se puede decir que en nuestros días el carnaval ha muerto, porque en realidad ha muerto la cuaresma, su gran antagonista.

En nuestra sociedad del bienestar ha desaparecido la diferencia entre tiempo cotidiano y tiempo festivo, con sus rituales de trajes y comidas mejores, de celebración coral de un acontecimiento que implica y da cohesión. La diferencia, para nosotros, es entre tiempo ocupado y tiempo libre, libre del trabajo. Pero cada día nos vestimos y comemos bien, y cada día podemos divertirnos: generalmente solos, no en grupo o como grupo. Además, respecto de la Edad Media, se ha atenuado mucho el aspecto religioso. El tiempo de la Iglesia está hoy más en las apariciones televisivas del papa y de los purpurados, que en el encuen-

---

17. A. Settia, «*Ut melius doceantur ad bellum»: i giochi di guerra e l'addestramento delle fanterie comunali*, en *La civiltà del torneo (secc. XII-XVII)*, Atti del VII Convegno di Studio (Narni, 14-16 de octubre de 1988), Centro Studi Storici, Narni, 1990, págs. 79-105; Íd., *La «battaglia»: un gioco violento fra permissività e interdizione*, en *Gioco e giustizia nell'Italia di Comune*, a cargo de G. Ortalli, comp., Treviso-Roma, Fondazione Benetton Studi Ricerche-Viella, 1994, págs. 121-132.

tro de la gente, en el edificio sagrado, viviendo con emoción la encarnación y la espera del sacrificio de Cristo.

Fue en el concilio de Nicea de 325 cuando se fijó por primera vez un período de ayuno de cuarenta días para disponerse para la Pascua, prescripción que en tiempos de Carlomagno se había convertido en una costumbre común y respetada. Comportaba una sola comida vespertina y la absoluta prohibición de comer carne. Durante toda la Edad Media las restricciones de la cuaresma fueron acompañadas por otros rigores, además de los alimentarios: penitencias, abstención de las relaciones sexuales entre cónyuges y de todo aquello que podía estar en contraste con la idea de purificación, como espectáculos, teatro, bailes y uso de armas.[18]

Pero la prohibición de comer carne fue siempre el precepto más ligado a la idea de cuaresma. La carne en la Edad Media era símbolo de fuerza, de carácter sanguíneo y audaz. El ciervo y el jabalí no faltaban nunca en la mesa de un rico, de un poderoso, habituado a la caza mayor: una guerra simulada donde poner a prueba la resistencia a la fatiga y el valor. El campesino, en cambio, a lo largo del año debía conformarse con el ganado menor, algún pájaro, un lebrato o una gallina. Sólo entre noviembre y enero, obligado por el frío y por el reposo de la naturaleza, el campesino en la cocina, a menudo delante del fuego, y el señor en la sala y en la mesa, comían lo mismo, aunque en cantidades diversas: tenían a disposición carne de cerdo, consumida fresca o salada, o elaborada en salchichas y salchichones (fig. 56).

También los romanos consumían carne de cerdo, pero de manera muy mesurada, sin una particular predilección y atención. Fueron las grandes migraciones de los pueblos germánicos los que impusieron el consumo de la carne porcina. Los germanos eran grandes criadores de cerdos (crecidos en los bosques, donde las piaras podían alimentarse en abundancia con las bellotas de las encinas) y consumidores de leche y de mantequilla, procuradas del ganado que pastaba en las vastas tierras comunitarias. No es casual que todo el norte de Italia, donde fue más fuerte la penetración de los germanos, haya mantenido una cocina basada en la mantequilla y la manteca de cerdo (tocino fundido), y un amplio consumo de embutidos de cerdo y de carne en general. En el

18. Sobre el tema, véase J. Caro Baroja, *Il carnevale*, Génova, Il Melangolo, 1989.

centro y sur de Italia, que fueron mucho menos tocados por las migraciones, se ha mantenido la cocina de tipo mediterráneo de la antigüedad romana, basada en el aceite y en un gran consumo de cereales y legumbres.

A este último tipo de dieta estaban consagrados en la Edad Media los monjes, cuya mesa se veía ocupada por hortalizas y legumbres. Nada de carne, a excepción del pescado. En efecto, en la Edad Media se pensaba que los peces, al no aparearse, eran inmunes del pecado de lujuria que había hecho caer a Adán y Eva: por eso no debía considerarse carne, contaminada como cualquier otra carne por la intervención del sexo. Además, la alimentación vegetariana de los monjes sugería el rechazo del mundo, la elección de un modelo de vida pacífica, guiada por los valores del alma en vez de por los del cuerpo. Y, aun, continencia en oposición a lujuria, vida modesta respecto de exhibición y fiesta. El poderoso come carne, el sometido, verdura. No es casual que en la *Batalla de Cuaresma y Carnaval*, un texto picardo del siglo XIII, los primeros en llegar en ayuda de Carnaval sean la carne a la parrilla, la carne de cerdo en salsa verde, las salchichas y salchichones, las «carnes al espetón, palomo asado y cocido en forma de pastel, filete de ciervo a la pimienta negra y carne de buey, como corresponde». Por otra parte, entre los defensores de Cuaresma, amenazan fieros los peces de mar, de estanque y de río. Luego avanzan los lácteos. «Ante todo la mantequilla, la leche ácida viene inmediatamente después. Pasteles calientes y calientes flanes vienen en grandes platos redondos. La crema avanza con la lanza en el brazo, sobre el fondo del valle.»[19] El enfrentamiento concluye con el triunfo de Carnaval: no sólo podrá comer carne todos los días del año, sino apropiarse también de la «carne de Cuaresma». Los peces no afearán la mesa del vencedor, porque muchos son verdaderamente deliciosos.

La carne tenía, pues, también un valor simbólico, hasta el punto de hacer más duro el hecho de privarse de ella. La etimología de carnaval —*carnelevare* es una palabra atestiguada en torno al año 1000— está ligada a *carnem levare*, privarse de la carne en el último día que precede al inicio de la cuaresma.

19. *La battaglia di Quaresima*, a cargo de M. Lecco, Parma, Pratiche, 1990, págs. 57-58.

En cambio, la etimología de cuaresma, *quadragesima dies*, cuadra-gésimo día, remite a un contexto totalmente religioso. En efecto, como ya se ha dicho, el concilio de Nicea, donde por primera vez se habla de *quarantesima* o *quarantena*, en analogía con el análogo período de reti-ro de Cristo en el desierto, había fijado un período de recogimiento de cuarenta días antes de la Pascua.

El calendario litúrgico en el curso del tiempo había conseguido su-perponerse a todo tipo de fiesta: el *Natalis solis*, la fiesta del sol, se ha-bía convertido en el Nacimiento de Cristo, la pascua judía, en la cris-tiana, la búsqueda de Proserpina, raptada por Plutón, acometida por su madre, Ceres, la *Candelaria*,[20] es decir, la Purificación de María, el dos de febrero. El proverbio: «Candelaria, candelaria, del invierno es-tamos fuera» expresa la esperanza de que los rigores de la estación fría hayan terminado y se enlaza precisamente con el significado de la fies-ta pagana, en cuanto que, en el mito, Proserpina desaparece cada in-vierno y regresa con el inicio del buen tiempo.

El carnaval, en cambio, es una festividad sin contenido religioso, aunque sirva para preparar un período de penitencia impuesto por la Iglesia. Aun siendo una fiesta medieval, y no la continuación de fiestas paganas de la Antigüedad, tiene en común con éstas numerosas carac-terísticas: el disfraz, el uso de máscaras, el desahogo de actitudes de costumbre reprimidas en el terreno alimentario, sexual y de comporta-miento, hasta el insulto y el choque violento de las «batayolas». Cómo debían de parecer estos grupos ruidosos nos lo muestran algunas mi-niaturas (fig. 57-58) que ilustran en el *Roman de Fauvel* (una obra satí-rica en verso compuesta entre 1310 y 1314 por Gervais du Bus) el al-boroto que se montaba incluso hasta hace poco en nuestros campos con ocasión de la boda de viejos o de viudos con novias mucho más jó-venes.[21]

En la Edad Media, el año podía comenzar también el 25 de marzo, es decir, el día de la encarnación de Cristo. En todo caso, la llegada del

---

20. Del latín tardío [*festum*] *candelorum* en vez de *candelarum*. Durante esta fies-ta se bendicen las candelas, mientras se canta la antífona: *Lumen ad revelationem gen-tium*.

21. Para un análisis del *Roman de Fauvel* y de las miniaturas que ilustran el ma-nuscrito aquí reproducido, véase: J.-C. Schmitt, *Les revenants. Les vivants et les morts dans la société médiévale*, París, Gallimard, 1994, pág. 191 y sigs. fig. 11-14.

carnaval, que varía, porque está ligado a la Pascua, pero que, de todos modos, cae entre el final del invierno y el principio de la primavera, subraya con fuerza el paso del año viejo al nuevo, de la muerte a la vida: en muchas ciudades, el último día de carnaval aún se quema a *la vieja*, un fantoche de trapo, símbolo del invierno que ha llegado a su fin (en latín, *hiems*, invierno, es de género femenino). Un modo de exorcizar, en el momento en que la naturaleza reanuda su ciclo, también los miedos ligados al mundo de los difuntos, a su poder y a su posible regreso.

EL NACIMIENTO DEL PURGATORIO[22]

Concluido el tiempo de la «licencia», la Iglesia vuelve a tomar ventaja y (al menos desde el siglo VIII) llama inmediatamente a todos los fieles a la penitencia, al rito del miércoles de ceniza —el carnaval obligatoriamente acaba el martes—, recordando a todos su descendencia de Adán, pecador, hecho de polvo y vuelto al polvo.

Desde finales del siglo XII, los cristianos tenían la posibilidad de no pensar sólo en los terrores del infierno. En efecto, en la geografía del más allá había surgido, como conclusión de un largo proceso de ideas, un nuevo reino, el purgatorio, donde se creía con certeza (por más que no hubiera ninguna base en las Escrituras) que se podían pagar los pecados menos graves a la espera de llegar al paraíso. El purgatorio, además, ofrecía y ofrece a los vivos el consuelo de pensar que pueden influir con misas y obras de bien en el destino de los difuntos, sin tener que truncar un vínculo de afecto con ellos. Desde un punto de vista iconográfico, el purgatorio, como imagen expuesta al público, no tuvo mucha suerte porque su representación es demasiado similar a la del infierno. Lorenzo mártir, quemado vivo en una parrilla, es uno de los santos protectores del purgatorio: lo vemos en Orvieto acogiendo en un fresco de 1330 (fig. 59) a las almas finalmente libres de toda pena.

También el «purgatorio de san Patricio», el pozo que según Iacopo da Varazze comunicaba esta tierra con el tercer reino, aparece como el inicio de un viaje infernal.

22. Es el título del afortunado libro de J. Le Goff, (publicado en España por Tanus).

Esto era lo que predicaba san Patricio por Irlanda y eran pocos los que le creían, de modo que rogó a Dios nuestro Señor que mostrase alguna señal por la cual los hombres espantados se arrepintieran. Así que por orden de Dios hizo en un lugar un gran círculo con el bastón, donde la tierra se abrió y apareció un grandísimo y profundísimo pozo. Fue así como el santo recibió la revelación de que allí había un purgatorio, en el cual, cualquiera que quisiese descender, no necesitaría más penitencia, ni sentiría otro purgatorio por sus pecados y ya no regresaría, sino que se quedaría allí para siempre. Así que muchos que entraban nunca volvían.[23]

EL TIEMPO DE LA CIUDAD, LA INVENCIÓN DEL RELOJ DE ESCAPE

La Iglesia trataba de mantener unidas a sus ovejas invitándolas a cruzar a menudo el umbral del tiempo, advertidas por fuertes repiques de campanas. A partir del sistema latino de contar las horas desde la salida del sol, la Edad Media adoptó el uso de denominar *prima, tercia, sexta* y *nona* a las horas correspondientes, más o menos, a nuestras seis, nueve, doce y quince. La Iglesia las completó con otras cuatro: *maitines*, en torno a medianoche; *laudes*, al alba; *vísperas*, al atardecer, y *completas*, antes del reposo nocturno, cuando la jornada está «completa». Junto a la prima, la tercia, la sexta y la nona constituían las horas canónicas, las horas de la plegaria y del canto litúrgico que ritmaban sobre todo las horas de los monjes[24] en las abadías, de costumbre alejadas de la ciudad.

Sin embargo, a partir del renacimiento municipal del siglo XII, las campanas ritmaban cada vez más las horas activas de los trabajadores urbanos, invitándolos a santificar toda la jornada. Su sonido era regulado por los relojes solares que marcaban la hora local (a falta de sol eran reemplazados por las clepsidras de agua —que, no obstante, en el norte de Europa se helaban— y de arena, velas graduadas y relojes de agua).

23. Iacopo da Varazze, *Legenda aurea, op. cit.*, pág. 208. La conmemoración de los difuntos fue instituida por los monjes de Cluny el 2 de noviembre, entre 1024 y 1033.

24. A partir del siglo XI, los diversos textos del oficio divino celebrado por el clero fueron reagrupados en un único libro, el Breviario. A los laicos, a los que sabían leer, se destinaron, en cambio, los Libros de Horas: libros de plegaria, a veces acompañados —si los afortunados poseedores eran personas acomodadas— por espléndidas miniaturas.

Por tanto, las horas variaban según la estación, más breves en invierno, más largas en verano. Pero a finales del siglo XIII la invención del reloj mecánico[25] introdujo por primera vez un tiempo nuevo, de horas teóricamente iguales. Los relojes de costumbre hacían mover también autómatas, muy apreciados por el público, hasta el punto de que fueron una de las mayores razones de su éxito, antes aun que la posibilidad de controlar el tiempo. En Italia, el primer reloj con autómata fue instalado en 1351, en Orvieto, en la catedral, en la torre de la esquina entre la Via del Duomo y la Plaza del Duomo, y aún funciona. Se trata del llamado «Maurizio» (fig. 60), probable corrupción de la antigua dicción «ariologium de muriccio», o sea, reloj de la cantera, el primer reloj mecánico-cronómetro que escandía las horas de trabajo —en principio, todas iguales— para la fábrica del edificio sagrado. El autómata, fundido en 1348 con una aleación usada para las campanas, parece representar, por su traje, a un sirviente oblato de la Obra del Duomo (fig. 61a). La pátina oscura del metal habrá ayudado a la figura a mantener el apodo, por la asociación Maurizio/moro. Con un martillo el autómata da las horas sobre la campana mayor. En el cinturón tiene la inscripción (fig. 61b): «Da te a me, campana, fuoro pati / tu per gridar et io per fare i fati» («Campana, éstos fueron nuestros pactos, tú debes gritar y yo desarrollar mi tarea»).[26] En la campana se lee, por más que esté estropeada, la respuesta: «Se vuoi ch'attenga i pati dammi piano / se no io cassirò e dara' invano» («Si quieres que yo respete los pactos, no me pegues demasiado fuerte, de otro modo me romperé y tú pegarás en vano»).[27]

Los relojes no escandían el tiempo preciso que nosotros conocemos. Por la fricción de los mecanismos generalmente la desviación acu-

25.   Sobre el reloj mecánico: Gimpel, *La révolution, op. cit.*, págs. 141-160.
26.   Literalmente «hacer los hechos»: puesto que se trata del reloj de un obrador. Los deberes a los que «Maurizio» debe atender son escandir las horas de trabajo.
27.   Una campana agrietada no da un buen sonido. L. Riccetti, *Il cantiere edile negli anni della Peste Nera*, en *Il Duomo di Orvieto*, a cargo de L. Riccetti, Roma-Bari, Laterza, 1988, págs. 139-215, espec. págs. 191-194, transcripción en pág. 192. El autor me comunica que todavía no ha publicado el artículo (anunciado como de inminente aparición en *Il cantiere*): *Maurizio e il camerario. La costruzione dell'orologio di cantiere nella fabbrica del Duomo di Orvieto, 1347 1348*. Agradezco a Lucio Riccetti las fotografías que tan amablemente me ha enviado, y a Claudio Ciociola el intercambio de pareceres sobre el significado de las inscripciones.

mulada era al menos de una hora al día. La manecilla de los minutos, además, fue introducida apenas en 1577 por el alemán Jost Burgi. El hecho de que nadie hubiera sentido su falta da una idea de la amplia tolerancia con que era acogido el paso del tiempo, y de la imprecisión con que éste era medido por una sociedad de la aproximación,[28] con ritmos tranquilos, sin plazos improrrogables, citas y coincidencias. Los estatutos mencionan continuamente la necesidad de «ajustar el reloj», para tratar de frenar esas horas siempre demasiado veloces o demasiado lentas.

A mediados del siglo XIV, cuando los grandes relojes públicos pasaron del campanario a la torre del palacio municipal, nació el tiempo de los laicos, por primera vez separado del tiempo de Dios.[29] Los primeros relojes no tenían ni cuadrantes ni manecillas, y se limitaban a dar las horas. Eran percibidos como campanas, hasta el punto de que el término inglés *clock*, reloj, es muy cercano al alemán *Glocke* y al francés *cloche*, que significan justamente campana.

Dante, en el *Paraíso* (X, vv. 139-148), compara el movimiento armonioso de la corona de los beatos con un reloj mecánico, recordando cuando la esposa de Dios, la Iglesia, se levanta para recitar los maitines en honor de Cristo, para que éste conserve el amor que le tiene:

> Entonces, cual reloj que nos convoca
> en la hora en que la Esposa de Dios surge
> para cantar maitines al Esposo,
> cuando una pieza apura a las restantes,
> tin tin sonando con tan dulce nota,
> que el amor colma el alma bien dispuesta;
> así vi yo esa gloriosa ronda
> moverse y dar sus voces al unísono,
> con temple y con dulzura no escuchados,
> sino allí donde el goce se eterniza.

28. Me refiero al libro de A. Koyré, *Dal mondo del pressappoco all'universo della precisione. Tecniche, strumenti e filosofia dal mondo classico alla rivoluzione scientifica*, Turín, Einaudi, 1967.

29. J. Le Goff, *Tempo della Chiesa e tempo del mercante*, Turín, Einaudi, 1977, págs. 3-23.

Dante hace referencia a un reloj provisto de ruedas dentadas, accionadas por pesos y contrapesos. El mecanismo *apura* porque una rueda, al girar, hace saltar a la otra, que da las horas. De nuevo (*Par.*, XXIV, vv. 13-18), las coronas danzantes de espíritus beatos que se mueven a distinta velocidad recuerdan al poeta la comparación con un reloj en el que la primera rueda, que debía dar un giro de doce o veinticuatro horas, parecía detenida:

> Y como ruedas en el mecanismo
> de un reloj así giran que parece
> inmóvil una y que la otra vuela,
> así esas carolas, diferente-
> mente danzando, lentas y veloces,
> me hacían que estimara su riqueza.

Inicialmente era el cuadrante el que rotaba en torno a una manecilla fija. A menudo los relojes eran también astronómicos y mostraban el curso del cielo. Si el reloj se detenía porque alguien se había olvidado de tirar los pesos, bastaba esperar a la noche para darle cuerda, regulándolo según la posición de las estrellas. Pero fue solamente gracias a los estudios de Galileo que el holandés Christian Huygens (1629-1695) creó, en 1665, el reloj de péndulo. La constante oscilación del péndulo mantenía al fin la regularidad del movimiento de las ruedas dentadas.

Uno de los relojes más antiguos que nos han llegado pertenecía originariamente a la catedral de Estrasburgo. Construido en 1354, marcaba las horas accionando un gallo mecánico que a cada toque aleteaba y lanzaba su quiquiriquí. Permaneció en funcionamiento hasta 1789 y hoy se lo puede admirar en el museo de Estrasburgo. Pero hay al menos otros dos relojes medievales aún en perfecto funcionamiento, el de Wells, de 1392 y el de Salisbury, de 1386.[30]

Los primeros relojes mecánicos funcionaban un poco como el muelle del asador. Una cuerda a la que se ha atado un peso y que, enrollada en torno a un eje, se desenrolla con una aceleración constante. Una serie de ruedas conectadas entre sí puede aflojar el movimiento para

---

30. Gimpel, *La révolution, op. cit.*, pág. 157.

mantener en funcionamiento el reloj. Incluso durante mucho tiempo, si está montado muy alto, por ejemplo en una torre o en un campanario. Pero para conservarlo en movimiento noche y día y con un ritmo regular se precisaba una solución diversa: el verdadero salto cualitativo en la fabricación de los relojes fue la introducción del sistema de escape.[31] El escape

> es un dispositivo situado en el extremo del engranaje, con la doble función de interrumpir su movimiento en el instante preestablecido y de distribuir periódicamente la energía a un órgano de regulación. Este sistema deja «escapar», en cantidad regular, un poco de la fuerza motora generada por el peso, manteniendo en movimiento el oscilador, que tiene el deber de fraccionar el tiempo en intervalos iguales:[32]

un sistema genial que detiene y vuelve a poner continuamente en movimiento, con ritmo regular, la rueda dentada, y que a la vez hace funcionar los engranajes con una larguísima autonomía.

Se ha discutido mucho sobre quién fue su inventor. Se creyó hallar un primitivo sistema de escape entre los dibujos de Villard de Honnecourt, célebre arquitecto del siglo XIII que dejó un riquísimo cuaderno con algunos esbozos de máquinas medievales; sin embargo, ante una observación más atenta, las pruebas al respecto se han desvanecido.[33]

En 1344 Iacopo Dondi instaló en la fachada del Palacio del Capitán de Padua un reloj astronómico de tal perfección que hizo que su inventor mereciera el título honorífico de «dall'Orologio» (del Reloj), que desde entonces fue transmitido a sus descendientes como complemento del apellido. Su hijo Giovanni Dondi dall'Orologio (1318-1389), después de un trabajo de quince años, concluyó en 1364 un reloj planetario, el *Astrarium*, con un mecanismo de escape y con balancín de rueda: estaba provisto de siete cuadrantes, uno para cada uno de los planetas entonces conocidos y todos giraban en torno a la

---

31. C. M. Cipolla, *Le macchine del tempo, l'orologio e la società (1300-1700)*, Bolonia, Il Mulino, 1981, págs. 115-118, donde se explica el mecanismo del escape.

32. D. Flechon, *L'orologiaio, mestiere d'arte*, Milán, Il Saggiatore, 1999, pág. 26.

33. M. Daumas, *Le faux échappement de Villard de Honnecourt*, en «Revue d'Histoire des Sciences», XXXV, n° 1, 1982, págs. 43-54.

Tierra, según la teoría de Tolomeo.[34] Era un reloj tan complejo que después de la muerte de su constructor nadie logró ya corregir los pesos y hacer funcionar el *Astrarium* como era debido, hasta que, devastado por el óxido, fue llevado ante el emperador Carlos V. Entonces el soberano se dirigió a un provecto relojero, Giannello Torriani da Cremona, que decidió reconstruirlo copiando a la perfección el original, ya inservible. Escribe Strada en el siglo XVII[35] que Carlos V, bajo la guía de Giannello Torriani, se divertía construyendo relojes «cuyas ruedas gobernaba más fácilmente que las de la fortuna».

Cada día con nuevas invenciones divertía el espíritu de Carlos V, curioso y apasionado por tales cosas. Así, después de comer, hacía aparecer estatuillas armadas de soldados de infantería y de jinetes; los unos batían el tambor, los otros tocaban la trompeta; y corrían a su encuentro como enemigos, y luchaban con lanzas. A veces Giannello soltaba en su habitación pequeños pájaros de madera que volaban por todas partes. Y esto era hecho con tan maravilloso artificio que el superior del convento, que una vez estaba presente, creía que esos juegos eran arte de magia.

Pero Giovanni Dondi dall'Orologio había descrito su *Astrarium* en un tratado, y de manera tan precisa que, siguiendo sus dibujos y explicaciones, fue posible, en nuestros tiempos, reconstruirlo: en el Museo de la Ciencia y de la Técnica de Milán se encuentra un ejemplar (fig. 62-63).

En el siglo XV los relojes de escape están ya tan difundidos que incluso condicionan la representación de una imagen simbólica. En el *Triun-*

34. S. Bedini, F. Maddison, *Mechanical Universe. The Astrarium of Giovanni de Dondi*, en «Transactions of the American Philosophical Society», LVI (1966), págs. 6-20. Parece que Richard di Wallingford, abad de St. Albans entre 1327 y 1330, construyó un reloj astronómico similar al de Dondi. Una miniatura representa al inventor junto a su reloj (British Library, ms. Cotton Nero D VII, f. 20r): *ibid*, págs. 5-7 y fig. 8. La figura 9 del mismo artículo reproduce la miniatura de un ms. del siglo XV (París, Bibliothèque Nacionale, ms. 43657, fr. 455, f. 9) del *Horloge de Sapience*, traducción francesa de la obra de Heinrich Suso (siglo XIV): muestra al autor junto a su complejo reloj.

35. Famianus Strada, *De Bello Belgico*, Lugduni Batavorum 1643, pág. 13 (U. Forti, *Storia della tecnica, dal Medioevo al Rinascimento*, Milán, Sansoni, 1957, pág. 270, ¡por error escribe *De bello Gallico*!).

fo del Tiempo atribuido a Iacopo del Sellaio (fig. 64), el dios Cronos, canoso y en malas condiciones de salud como conviene a su estado, es representado encima de un reloj, ahora el ámbito de su dominio. Armado aún con la vieja clepsidra de arena, regula los movimientos del sistema de escape que gobierna los movimientos de pesos del reloj, cuyo cuadrante de veinticuatro horas está ornado por un sol abrasador. La base del reloj está mordida por dos perros, uno blanco y otro negro, cita resumida de la leyenda de Barlaam, tomada de la célebre novela de *Barlaam e Iosaphat*:[36] el principio de uno de los apólogos aquí contenidos cuenta la historia de un hombre que, huyendo del unicornio (la muerte), cae en una fosa (el mundo). Se aferra a un arbusto (la vida) y se da cuenta de que un ratón blanco (el día) y uno negro (la noche) están devorando sus raíces.

Botticelli imagina a san Agustín en un estudio que denota los grandes intereses científicos de quien lo habita (fig. 65). En el atril hay una gran esfera armilar y a las espaldas del santo está abierto un libro (con los teoremas de Pitágoras, acompañados de dibujos), delante del cual hay un gran reloj de escape minuciosamente reproducido (fig. 66). La manecilla apunta a la medianoche: un modo de sugerir la intensa meditación de Agustín, que, absorbido por el pensamiento de Dios y de los propios pecados, se priva del sueño.

UN NOMBRE A LAS NOTAS

El dulce sonido del reloj era el detalle que a Dante le había parecido justo privilegiar. El paso de las horas habría repetido ese sonido idéntico, a intervalos regulares, porque estaba basado en los mecanismos de la máquina. Pero ¿cómo reproducir con exactitud la complejidad del sonido a partir de un instrumento? A través de las notas del pentagrama. La respuesta, hoy obvia, reposa sobre una enésima invención medieval debida al gran Guido d'Arezzo.

Guido d'Arezzo, monje benedictino y músico, nacido quizás en Talla, cerca de Arezzo, o en la zona de Ferrara-Pomposa entre 992 y el año

---

36. M. M. Donato suministra bibliografía actualizada sobre el afortunado enredo, *Un ciclo pittorico ad Asciano (Siena), palazzo pubblico e l'iconografia «politica» alla fine del Medioevo*, en «Annali della Scuola Normale Superiore di Pisa», Lettere, s. 3ª, XVIII, 1988, págs. 1.105-1.272, págs. 1.236 y sigs.

1000, y fallcido quizás en Rávena en 1080, extraordinario profesor de música, supo dar a los cantores la posibilidad de leer, entonar a primera vista y con exactitud cualquier canto nuevo, sin la ayuda del monocordio, el antiguo instrumento de una sola cuerda, y sin la guía del maestro.[37] Una miniatura de 1050, que ilustra el prólogo de las *Regulae Rhytmicae* de su obra más famosa, el *Micrologus*, nos lo muestra mientras escribe en el códice apoyado en el atril: «Gliscunt corda meis hominum mollita Camenis» («los corazones de los hombres arden, vencidos por mi musa»); el exámetro reconoce muy poéticamente el poder de las Camenas, es decir, de las Musas, para conmover y suscitar emociones (fig. 67).

Guido dio gran importancia al pentagrama musical, cuyo número fijó en cuatro líneas (tetragrama), y acordó un igual significado a los espacios y a las líneas. Utilizó letras-clave, así como los colores rojo y amarillo para indicar los semitonos, amarillo o verde para el do, rojo para el fa. Usando el sistema de la analogía tomó como modelo sonidos e intervalos contenidos en el himno a san Juan (del siglo VIII), para encontrar la entonación de otros sonidos e intervalos contenidos en otras melodías.

En el tetragrama anotó los signos de las notas, todas iguales entre sí, pero que asumían un significado diferente según la colocación en las líneas o en los espacios entre línea y línea. Eran una serie de sonidos de altura progresiva, dispuestos en escala, distinguidos por la primera sílaba de cada verso del ya citado himno a san Juan, *Ut queant laxis*. Muy probablemente Guido modificó la melodía del himno con fines pedagógicos, es decir, para hacer coincidir con las notas ascendentes el inicio de los «versos» que dicen así: «UT queant laxis REsonare fibris MIra gestorum FAmuli tuorum SOLve polluti LAbii reatum Sancte Johannes!» («Para que tus siervos canten con cuerdas libres la maravilla de tus acciones, aleja el pecado, oh san Juan, de sus labios indignos»): por tanto, ut, re, mi, fa, sol y la. El do no se convirtió en la primera nota en Italia hasta 1635 (pero en Francia continuó siendo ut) y a finales del siglo XV se añadió el Si (de *Sancte Johannes*).

Finalmente a las notas se les había quitado cualquier incerteza de interpretación y de significado, y se había fijado su exacta entonación.

37. M. T. R. Barezzani, *Guido musicus et magister*, en *Guido Monaco, magister et musicus*, a cargo de G. de Florentis, Milán, Comune di Talla-Nuove Edizioni, 2000, págs. 71-93.

Antes de Guido los signos correspondientes a las notas («neumas») eran marcados en la página blanca «en campo abierto», encima del texto, sin una mínima indicación de su altura. Con la obra reformadora de Guido había surgido la nueva forma de escritura musical que hemos heredado.

Fundándose en la escala hexacordal (de seis cuerdas) Guido inició una forma de solfeo a la que dio práctica aplicación con el sistema de la mano armónica o mano «guidónica», que no inventó directamente, pero que utilizó y difundió (fig. 68). Según este sistema, en las puntas y en las falanges de los dedos de la mano izquierda se indicaban las notas y las escalas en su propio orden de sucesión. Más en concreto, la disposición de siete hexacordos (escalas de seis sonidos) se desarrolla partiendo de la extremidad del pulgar (gamma = ut) y continúa en sentido antihorario como una espiral, hasta el décimo noveno sonido dd-la-sol. El vigésimo sonido del séptimo hexacordo era colocado por encima del dedo medio, según este esquema: fig. 69.

La mano armónica era un artificio que los cantores apreciaban muchísimo. Escribía Hollandinus de Lovaina en el siglo XIV: «Disce manum tantum bene qui vis discere cantum. Absque manu frustra disces per plurima lustra» («Aprende la mano si quieres aprender a cantar bien. Sin la mano no aprenderás, ni en muchos lustros»).[38]

«NO CONOZCO PIEDRA MÁS ÚTIL NI MEJOR»: LOS PODERES DEL CORAL

Hasta ahora hemos dado vueltas por las habitaciones de los sabios curioseando entre sus descubrimientos. Ahora, en cambio, entraremos en una casa cualquiera de la Edad Media, donde descubriremos el origen de muchas de nuestras costumbres, pero también de algunos objetos y comidas. Comencemos por los miedos que aún hoy muchos tienen controlados recurriendo al coral: un amuleto considerado también en el pasado extraordinariamente eficaz.

En el siglo XIV Fazio degli Uberti dedicó algunos tercetos al misterioso arbolillo marino y a su maravilloso poder:

38. *Dizionario Enciclopedico Universale della musica e dei musicisti*, Turín, Utet, 1983, vol. II, *Il lessico*, s.v. *guidoniana mano*.

El mar ligur genera coral
en su fondo, a modo de arbolillo,
pálido, de color entre claro y amarillo.
Se rompe como el vidrio la ramita
cuando se pesca y cuanto más gruesa
y con más ramas, más hermosa es.
En cuanto el cielo lo ve, se vuelve rojo,
y no sólo cambia de color,
sino que se hace tan fuerte y duro que parece hueso.
Mirarlo, tenerlo consigo reconforta
la vista y el corazón cuando el fulgor cae;
no conozco piedra más útil ni mejor.[39]

El coral no sólo protegía de las inclemencias. Era utilísimo para alejar todas las enfermedades que tan peligrosamente amenazaban la salud de los niños. De ello estaba seguro Giordano da Pisa cuando comentaba, en un sermón, la resurrección de la niña operada por Cristo con el roce de la mano.

Ya que ninguna cosa puede obrar su virtud en otra cosa, o sea, que ninguna cosa puede recibir ningún beneficio de su virtud sin algún roce; pero mirad las piedras preciosas, para que ellas obren su virtud, el hombre debe llevarlas encima; pero no obran sino rozando. Veréis igualmente que se pone el anillo en dedo ajeno; y a los niños se les ponen los corales al cuello para que obren en ellos las demás virtudes; pero sin ningún roce no serviría de nada.[40]

A menudo el mismo Niño Jesús lleva coral, como por ejemplo en esta tabla de Barnaba da Modena en la que un hermoso ramito rojo ci-

39. Fazio degli Uberti, *Il Dittamondo e le Rime*, Bari, Laterza, 1952, vol. I, 1, III, c. XI, pág. 216. El pasaje es citado, con muchas imprecisiones, por R. Levi Pisetzky, *Storia del costume in Italia*, Milán, Treccani-Enciclopedia Italiana, 1964, vol. I, pág. 285.
40. Giordano da Pisa, [Giordano da Rivalto], *Prediche recitate in Firenze dal 1303 al 1306*, a cargo de D. Moreni, sermón de 1304, Florencia, Magheri, 1831, vol. II, pág. 263. Sobre el coral como amuleto, véase: S. A. Callisen, *The Evil Eye in Italian Art*, en «Art Bulletin», XIX (1937), págs. 452-462 (en la pág. 457, ejemplos del Niño Jesús con cruz y ramo de coral al cuello); C. Meier, *Gemma spiritualis*, Munich, W. Fink, 1977, págs. 414-460; L. Hansmann, L. Kirss-Rettenbeck, *Amulett und Talisman*, Munich, D. W. Callwey, 1966, págs. 22 y sigs., y pág. 41 y sigs.

ñe el delgado cuello (fig. 70). El pobre san Egidio habría sin duda muerto al nacer en el bosque si una oportuna cierva no lo hubiera amamantado. El pintor del siglo XV que ha ilustrado el milagroso sustento no dejó de pintar un hermoso collarcito de rojos corales, quizá precisamente para confirmar la extraordinaria suerte del niño de haber encontrado una nodriza tan excepcional (fig. 71).

Con el coral (además de las gemas, perlas o cristales) se fabrican también las coronas del rosario, particularmente en el siglo XIV, usadas a menudo como joyas más que con fines religiosos. La institución de la mística diadema de plegarias, como un rosal en torno a la Virgen (quince decenas de *Ave Maria*, con cada decena intercalada por el *Pater Noster* y el *Gloria*),[41] fue atribuida por el dominico Alano della Rupe en el siglo XV a san Domingo, pero la recitación ya era practicada en el siglo XIII entre los cistercienses. Para escandir el número se ayudaban con una corona llamada en la Edad Media «paternostro», porque después de diez cuentas de igual dimensión correspondientes a la recitación de las *Ave Maria* seguía uno más grueso, correspondiente a la recitación del *Pater*. Boccaccio cita irónicamente este objeto para dar el último toque al retrato de la hipócrita alcahueta: «La cual siempre con el rosario en la mano iba a ganar todas las indulgencias».[42] Y una enfadada sirvienta, que evidentemente los usaba a menudo, se defiende de las acusaciones de su patrón —en un cuento de Sacchetti— gritando: «¡Vaya por Dios, si yo no conozco las cuentas del rosario!».[43]

No tenemos dudas, en cambio, de que Joos Van Cleve, al hacer desgranar el precioso rosario de coral a una joven, quería confirmar las devotas y serias costumbres ya indicadas por la austera cofia inmaculada que esconde totalmente el cabello (fig. 72). Distintos pensamientos habrán ocupado, en cambio, a otra joven, una novia, retratada con amplio escote y numerosas joyas por Hans Memling, mientras sostiene en

41. Sólo con posterioridad, para meditar sobre los «misterios» de la vida de la Virgen María («misterios» gozosos, doloros y gloriosos), hubo tres coronas, cada una de cinco decenas de Ave Marías: G. G. Meersemann, *Ordo fraternitatis. Confraternita o pietà del laici nel Medioevo*, Roma, Herder, 1977, págs. 1.144-1.232.

42. Boccaccio, *Decameron*, V, 10, ed. cit., vol. II, pág. 696.

43. Sacchetti, *Il Trecentonovelle, op. cit.*, cuento CCIX, pág. 638.

la mano un clavel rojo, símbolo del amor (fig. 73).[44] El largo cabello en forma de cono adornado con un velo es el que las ilustraciones del siglo XIX y hasta nuestros días han dado a las hadas, asignando al reino de lo imaginario las connotaciones de finales de la Edad Media, libremente transfiguradas.

44. Para esta interpretación, véase: E. Panofsky, *Early Nederlandish Painting. Its Origin and its Character*, Cambridge, Mass., Harvard University Press, 1953, pág. 349. D. De Vos acoge esta interpretación y la confirma con otros argumentos en *Hans Memling. Bruges Goeningemuseum, 1994, Catalogue* (revisado por él mismo), Brujas, Ludion-Bruges Musées communaux, 1994, págs. 124-127.

Capítulo 3

Vestirse y desvestirse

LOS BOTONES, UNA REVOLUCIÓN EN LA MODA

Los corales se prestaban para ser transformados, además de en joyas y cuentas de rosario, en botones: una novedad, ya aparecida en Italia en el siglo XIII, pero muy difundida a partir de entonces. Al principio el botón fue tratado como si fuera un ornamento, fabricado y vendido por los joyeros. Las mujeres estaban dispuestas a gastar y a hacer gastar tanto dinero a sus familiares en esta compra que caían en el rigor de las leyes contra el lujo (que intentaban sea castigar el boato de las clases no nobiliarias, sea oponerse a un excesivo estancamiento de capital improductivo).[1]

Sacchetti cuenta muy divertido en uno de sus relatos los esfuerzos de un juez, Amerigo degli Amerighi da Pesaro, encargado de poner freno a los ornamentos de las mujeres. Impotente, confiesa:

> Señores míos, durante toda mi vida he estudiado para conocer las normas, y ahora, cuando creía saber algo, me encuentro con que no sé nada, porque tratando de los ornamentos prohibidos a vuestras mujeres, según las órdenes que me habéis dado, en ninguna ley encontré ar-

---

1. M. G. Muzzarelli, *Guardaroba medievale. Vesti e società dal XIII al XVI secolo*, Bolonia, Il Mulino, 1999, sobre todo las págs. 247-286.

gumentos como los que ellas dan; y, entre otros, os quiero mencionar algunos.

Se encuentra una mujer con la punta[2] [de la capucha] mellada envuelta encima de la capucha; mi notario dice: «Decidme vuestro nombre; dado que tenéis la punta recortada»; la buena mujer coge esta punta, que está pegada a la capucha con un broche, y se la entrega en mano, y dice que es una guirnalda. Ahora va más lejos, encuentra muchos botones en la parte delantera: «No podéis llevar estos botones»; y ella responde: «Micer, sí, puedo, porque éstos no son botones, sino copelas [botones cóncavos], y si no me creéis, mirad, no tienen pecíolo, y tampoco ojal».[3]

Progresivamente la función práctica de los botones pasó a primer plano y se hicieron botones de latón y de cobre, o de vidrio (pero había quien, como hemos visto, los hacía pasar por cristal).[4] Los botones permitieron que, por primera vez, las mujeres del siglo XIII llevaran vestidos ajustados que estilizaran la figura y modelaran la forma del brazo con mangas estrechas (fig. 74). De todos modos, el deseo de hacer gala de una gran cantidad de tejido, índice de riqueza, que el uso de los botones evidentemente reducía, fue suplido por la cola y la superposición de varias prendas, un modo de emplear igualmente mucha tela. Pero los botones, además de permitir abrir y cerrar el escote de los trajes y las mangas, hicieron estas últimas completamente separables.

¡ES OTRO PAR DE MANGAS!

El dicho italiano: «È un altro paio di maniche» («¡Es otro par de mangas!») procede de la Edad Media, cuando por necesidad práctica o, al contrario, por exigencias decorativas, las mangas podían ser guardadas en un arcón lejos del traje del que formaban parte.

En casa se acostumbraban a llevar mangas de tipo modesto, y, cuando se salía se cambiaban por otras más rebuscadas y elegantes. Pero también había otra razón para aconsejar el hábito de tener mangas móviles: era la parte que más se ensuciaba. Por lo demás, mientras se usó la tinta, los empleados eran llamados «medias mangas», porque

2. Parte de la capucha que la envuelve o que cuclga hacia abajo.
3. Sacchetti, *Il Trecentonovelle, op. cit.*, cuento CXXXVII, pág. 357.
4. Cfr. n. 25, pág. 10.

protegían codos y muñecas de sus mangas con el añadido de otras medias mangas negras.

En la Edad Media, además, la colada era una tarea muy ardua que se prefería diferir lo máximo posible. Existía el jabón —Boccaccio recuerda el «jabón almizclado» como instrumento de seducción de madama Iancofiore—,[5] pero para la ropa sucia se usaba la ceniza y mucha agua caliente (calentarla no era una empresa sencilla). Leamos, por ejemplo, cuántos problemas provoca lavar el morrión y el forro acolchado de un pequeño yelmo que una gata había llenado «de muy hedionda inmundicia». El protagonista del cuento de Sacchetti, un tal Ricco Cederni, llama a la criada para que, ante todo, le quite el estiércol de la cabeza.

> La sirvienta, medio atolondrada, lo quería lavar con agua fría. Riccio comenzó a gritar que encendiera el fuego y pusiera la lejía a calentar, y ella lo hizo. Riccio estuvo con la cervillera [cabeza] descubierta hasta que la lejía se calentó. Cuando estuvo caliente, se fue a un patiecito para que el lavado de aquel fastidio tuviera salida por la alcantarilla y, durante casi cuatro horas, se estuvo lavando la cabeza. Cuando la cabeza estuvo lavada, pero no hasta el punto de que no apestara, le dijo a la sirvienta que trajera el yelmo, que estaba tan pringado por todas partes que ni él ni ella se atrevían a tocarlo. Habiendo un cubo en el patio, aprovechó para llenarlo de agua y meter el yelmo dentro, diciendo: «Quédate aquí tanto como sea necesario»; y él se metió en la cabeza la capucha más calurosa que tenía, pero no tanto como para que, por no llevar el yelmo, no le diera dolor de muelas, por lo que tuvo que quedarse en casa varios días. La sirvienta, que parecía que lavara vientres [de ternero o cerdo], se pasó dos días descosiendo y lavando el forro.[6]

Mangas separables eran llevadas, evidentemente por moda y no por necesidad, por mujeres ricas y por reinas. Las damas solían dar una manga a su caballero preferido, que la ataba a la coraza como un estandarte revoloteante. En la novela *Erec y Enide*, Chrétien de Troyes (1130-h.1185) describe así el inicio de un torneo: «¡Qué espectáculo de banderas rojas, de velos y de mangas turquesas o blancas dadas en se-

5. Boccaccio, *Decameron*, VIII, 10, ed. cit., vol. II, pág. 1.013.
6. Sacchetti, *Il Trecentonovelle, op. cit.*, cuento CLXIV, pág. 475.

ñal de amor! ¡Qué reunión de lanzas teñidas de azul o de sinopia, de oro, de plata o de otro color, listadas o manchadas!».[7]

En 1297, en cambio, a Violante de Sicilia, esposa del rey Roberto de Anjou, un habilísimo ladrón le robó una de sus preciosas mangas, mientras estaba absorta mirando un espectáculo.[8] En efecto, ya a comienzos del siglo XIII las mangas estaban unidas al resto del traje simplemente con cintas o botones: una costumbre que seguirá en los siglos sucesivos y que estará muy en boga sobre todo a partir del siglo XV. En este espléndido cuadro de Georges de La Tour, *El tramposo con el as de diamantes* (fig. 75-76), están ejemplificados todos los tipos de atadura: a la izquierda, el tahúr deja la punta de las cintas suelta; la astuta jugadora tiene las mangas pegadas con botones; el joven destinado a ser desplumado, a la derecha, lleva las mangas sujetas por cintas con lazos: son de tela blanca, en contraste con el lujoso corsé de seda adamascada.

Sin embargo, ya en la Edad Media, el perfeccionamiento de las técnicas de tejido y la intensa actividad mercantil permiten la producción y la circulación de telas lujosas y muy variadas. Un escrito de tiempos de Carlos de Anjou nos informa del vestuario real necesario para la coronación (ocurrida en Roma el 6 de enero de 1266), y enumera una serie de prendas, entre otras una camisa de seda, una dalmática de hilo de oro, una tunicela de terciopelo rojo, una estola con amplios bordes de damasco y calzas de terciopelo rojo.[9]

Cuánta importancia tenían las mangas nos lo demuestra uno de los frecuentes actos de caridad de santa Catalina de Siena (1347-1380), narrado con complacencia por su biógrafo Raimondo da Capua.

Catalina había donado a un joven semidesnudo —en realidad no un pordiosero o un peregrino mal vestido, sino Cristo bajo una falsa apariencia— su túnica de lana sin mangas, que llevaba debajo de otra con mangas. Condescendiendo a las reiteradas demandas del pobre,

7. Chrétien de Troyes, *Erec e Enide*, en *Romanzi*, Florencia, Sansoni, 1962, pág. 38.

8. Levi Pisetzky, *Storia del costume*, *op. cit.*, vol. I, pág. 276, que cita a M. von Bohen, *Die Mode. Nach Bildern und Kunstwerken der Zeit ausgewählt und geschildert*, Munich, Bruckmann, 1907, vol. I, pág. 182.

9. G. Del Giudice, *Una legge suntuaria inedita del 1290, commento storico-critico…: memoria letta all'Accademia Pontaniana… con note e appendici di documenti, la maggior parte inediti*, Nápoles, Tipografia della Regia Università, 1887, págs. 273-274.

que reclamaba también una vestimenta de tela, lo condujo a la casa paterna.

Enseguida Catalina se dirigió adonde estaba guardada la lencería de su padre y sus hermanos. Cogió camisa y calzón y, llena de alegría, los entregó al mendigo. Pero éste, una vez recibidos, no dejó de implorar: «Por favor, señora, ¿qué hago con esta túnica sin mangas? ¡Dame también las mangas, para que pueda ir bien vestido!». La santa, en absoluto molesta, sino al contrario, presa de un mayor fervor, comenzó a dar vueltas por la casa revolviéndolo todo hasta encontrar alguna manga. Por casualidad vio la túnica nueva de la criada, que no se había puesto nunca, colgada del perchero. La cogió de inmediato, le despegó rápidamente las mangas y con gran placer se las ofreció al pobrecillo.[10]

Éste, aún insatisfecho, pidió ropas también para un compañero que yacía en el hospital completamente desnudo. La santa esta vez se encontró en dificultades, porque

en casa, todos, fuera de su padre, soportaban de muy mala gana las limosnas que hacía. Además, sus familiares guardaban bajo llave todo aquello

10. Raimundi Capuani, *Vita S. Catharinae Senensis*, Acta Sanctorum, Antverpiae 1675, Aprilis III, *Vita*, pars II, cap. I, pág. 887: «Ecce apparuit ipse Dominus sponsae suae in forma iuvenis denudati, et pauperis ac peregrini, qui aetatis triginta duorum vel trium annorum vel circiter apparebat, et petivit ut sibi pro Deo succurreret pro aliquo indumento. At illa iam ad misericordiae opera solito plus accensa: "Expecta, inquit, carissime, paululum hic, donec de capella illa revertar, et statim tribuam indumentum". Retrogressaque ad capellam unde descenderat, tunicam quam sine manicis sub exteriori tunica propter frigus interius deferebat, per pedes, socia iuvante, deposuit caute pariter et honeste, ac cum grandi laetitia pauperi tribuit. Qua recepta, repetit plus ille pauper et ait: "Eia oro, Domina, ex quo mihi de indumento laneo providistis, ut de lineis tegumentis etiam mihi providere velitis". Quod illa libentissime annuens: "Veni post me, inquit, carissime, quia quod petis integraliter tibi dabo". Praecedit igitur sponsa et Sponsus ignotus subsequitur. Illaque paternam domum subintrans, accedit ad locum ubi panni linei patris et germanorum erant reconditi; acceptaque camisia una et femoralibus, letanter pauperi tribuit. Sed ille his habitis adhuc non desistit a petendo: "Sed obsecro, inquit, Domina, quid faciam de tunica ista, quae manicas ad brachia tegenda non habet? Date mihi aliquas manicas, ut recedam a vobis totus indutus". Quod illa percipiens, in nullo attaediata, sed magis accensa, domum circuivit, et dilingenter quaerit si possit aliquas manicas invenire. Casuque reperit tunicam ancillae domus paternae novam, quam necdum induerat, ad perticam pendentem, quam festine deponens, et manicas inde velociter festine dissuendo auferens, gratiose tribuit pauperi praelibato».

que temían que la santa cogiera para darlo a los pobres. Por otra parte, Catalina ya le había sacado bastante a la criada, no podía privarla de toda la túnica porque se trataba de una mujer muy pobre.[11]

De buen grado se habría privado de la propia túnica si el pudor no se lo hubiera impedido, pero estaba dispuesta a cambiar la ropa por cualquier otra cosa que el solicitante hubiera deseado. Finalmente el pobre se conformó. En la noche se le apareció en sueños a la santa y, revelando su identidad, le entregó un traje bordado de perlas y otras gemas. Confieso, al abandonar este relato, que sigo pensando en la sorpresa de la pobre criada al ver que las mangas de su vestido habían volado, ¡como leves alas de mariposa!

Calzones y pantalones, calzas y zapateros

Catalina de Siena, en su paroxístico impulso de caridad, da también una prenda, los calzones, que sólo su ideal de vergüenza hacía indispensable para un pobre. Las personas de humilde condición, hombres y mujeres, prescindían tranquilamente de calzas y calzones, como muestra, por ejemplo, la miniatura que ilustra el mes de febrero en las *Très riches Heures du duc de Berry*, de 1413: los campesinos, para calentarse mejor ante el fuego, se levantaban las ropas exhibiendo los genitales (fig. 77). Los «paños de pierna», como también eran llamados los calzones en la Edad Media, eran una prenda que los romanos ya conocían, pero que siempre habían despreciado y combatido considerándola propio de los bárbaros. Uno de los primeros testimonios de tiempos de los longobardos nos viene de Pablo Diácono, que cuenta cómo Alahis, duque de Trento, acogió con desprecio a un diácono que llevaba una embajada de parte del obispo de Pavía, Damián, haciéndole decir al diácono que lo dejaría entrar «si munda femoralia habet» («si tuviera calzones limpios»), a lo que el postulante respondió que los tenía impolutos, puestos aquel día recién lavados. El duque entonces rebatió

11. «Verum rememorans, quod omnes de domo praeter patrem aegre ferebant elemosynas suas, et ea quae habebant claudebant sub clavibus, ne pauperibus daret; insuper discrete considerans quod ancillae satis abstulerat, nec erat ei totum auferendum, quoniam etiam inops erat»: Raimundi Capuani, *Vita S. Catharinae Senensis, op. cit.*, pág. 887.

que no le importaban en absoluto los calzones, ni si estaban limpios o no. Quería saber si estaba limpio quien estaba dentro de ellos. Rápidamente el diácono respondió que sólo Dios podía juzgarlo.[12]

Los calzones (llamados así en un inventario veneciano de 1335[13]) cambiaron de nombre y forma en el curso de los siglos. En tiempos de Sacchetti los que estaban de moda eran tan pequeños —dice crudamente el escritor— que parece que los hombres «han puesto el culo en un calcetín»,[14] que en la Edad Media se usaba como calceta y protegía sólo el pie. Muestra calzones en una versión muy moderna un grupo de personas ansiosas de probar los efectos de la «Fuente de la juventud», en un vivacísimo fresco de mediados del siglo XV en la sala del castillo de Manta (Cuneo). Uno se desviste, canoso y macilento, otro ya se ha zambullido, el de más allá se está vistiendo después de haber recuperado la lozanía. Un beneficiado, ahora con aspecto agradable, es ayudado por una amiga a meterse en un ceñido farseto provisto de una larga serie de botones y otros tantos ojales (fig. 78).

Los lacitos de los calzones de este joven le servirán para completar el vestuario, es decir, para asegurar a la cintura las ajustadísimas calzas que impone la moda (percibimos perfectamente los ojales en las calzas de las que se está liberando un viejo, agachado junto a la fuente, fig. 79). Poco más allá las enseña también un elegante caballero que está a punto de subir a su caballo, junto a un compañero cuya mano enguantada sostiene un látigo: también los guantes, dicho sea de paso, son un obsequio de la Edad Media.

Para inclinarse, dado que el tejido no tenía ninguna elasticidad, había que desatarse las calzas, al menos en parte: es así como se muestra, con mucha desenvoltura, el lapidador de san Esteban en ropas de finales del siglo XIV, mientras está recogiendo del suelo grandes piedras para acabar de matar al mártir (fig. 80). Estas calzas, con suela, hacían de zapatos.

La nueva moda había hecho desparecer el anterior tipo de calzas anchas, a veces largas hasta la rodilla, a veces hasta los tobillos —como nuestros pantalones—, que los germanos llevaban habitualmente a la

---

12. Pauli Diaconi, *De gestis Langobardorum*, 1, V, cap. 38, a cargo de L. Capo, Milán, Fondazione Lorenzo Valla-Mondadori, 1992, págs. 286-287.

13. Levi Pisetzky, *Storia del costume, op. cit.*, vol. II, pág. 23.

14. Sacchetti, *Il Trecentonovelle, op. cit.*, cuento CLXXVIII, pág. 523.

vista bajo la túnica corta, como muestran, por ejemplo, algunos personajes implicados en las vicisitudes de san Pablo, en una puerta de díptico de marfil del siglo VI[15] (fig. 81), o san Martín mientras está dando la mitad de su manto a un pobre, en una miniatura de finales del siglo X[16] (fig. 82).

A los bárbaros se debe también la difusión de la hebilla con hebijón: podemos admirarla en un bonito ejemplar longobardo en plata del siglo VII, conservado en Cividale del Friuli (fig. 83).

15. En el registro superior, san Pablo está representado mientras disputa con los filósofos paganos; en el central, es mordido por una víbora en Malta (*Atti degli Apostoli*, 28, 1-7); y en el inferior, cura a algunos lisiados.

16. *Sacramentario del vescovo Warmondo di Ivrea*, edición en facsímil, transcripción del texto a cargo de F. Dell'Oro, Ivrea, Priuli e Verlucca, 1990, f. 114r.

Capítulo 4

Y llegó el tenedor

Otro objeto metálico del que ignoramos la fecha exacta de aparición es el tenedor, porque la *Última Cena* —donde esperaríamos encontrarlo— tiene una tradición iconográfica tan densa de significados simbólicos que no sólo admite variantes mínimas (y, en cualquier caso, habitualmente cargadas de un mensaje preciso), sino que también condiciona mucho la iconografía del banquete profano. Aunque los textos nos señalen el conocimiento del tenedor, muy raras veces lo vemos representado. Es verdad que el hábito general continuó siendo comer en común, con alguna fuente, algún vaso y algún cuchillo para cortar la carne: otro modo de comprender la sociedad medieval, durante mucho tiempo no individualista y propensa a pensarse en grupo (existe el *Juicio Universal*, pero muy raras veces está representado el del individuo), e indiferente a las peculiaridades de cada uno (hasta finales del siglo XIV incluso no existe el retrato, que es sólo verosímil y no realista).

Los hombres de Iglesia consideraron el tenedor un instrumento de molicie y perversión diabólica. San Pedro Damián (1007-1072) no tuvo ninguna piedad por la pobre princesa bizantina Teodora, casada con el duque Domenico Selvo, que usaba el tenedor y se rodeaba de refinamientos intentando ennoblecer los modales de Occidente: «No tocaba los manjares con las manos, sino que se hacía cortar la comida en pequeños trozos por los eunucos. Luego apenas los probaba llevándoselos a la boca con tenedores de oro de dos dientes». La terrible muerte de la joven, cuyas carnes se gangrenaron lentamente («corpus eius computruit»), se interpretó como un justo castigo divino por semejante pecado.[1]

Inocencio III, cuando aún era Lotario dei Conti di Segni (1160-1216), deja caer en su *De miseria humanae condicionis* la sombra oscura de la muerte sobre un largo catálogo de delicias:

> ¿Qué hay más vano que adornar la mesa con manteles decorados, con cuchillos con el mango de marfil, con vasijas de oro, con tazones de plata, con copas y vasos, cráteras y jofainas, con escudillas y cucharas, con tenedores y saleros, con bacías y cántaros, con cajas y abanicos? [...] Está escrito: «Cuando el hombre muera, no se llevará nada consigo, y su gloria no descenderá con él».[2]

Los primeros testimonios iconográficos del tenedor se remontan a los tiempos de la invectiva de san Pedro Damián: en una miniatura de principios del siglo XI perteneciente al *Código de las leyes longobardas*, el rey Rotario impugna el tenedor en la mesa (fig. 84). Lo usan de nuevo los corteses comensales de otras dos miniaturas contemporáneas (fig. 85-86), tomadas de un manuscrito del *De Universo*, de Rabano Mauro, para abrir la larga ejemplificación de los distintos tipos de mesas, comidas y bebidas, y para ilustrar el capítulo sobre los ciudadanos. «Cives

---

1. Petri Damiani, *Opera, De istitutione monialis*, cap. XI, Migne, Patrologia Latina, CXLV, col. 744: «Cibos quoque suos manibus non tangebat, sed ab eunuchis eius alimenta quaeque minutius concidebantur in frusta. Quae mox illa quibusdam fuscinulis aureis atque bidentibus ori suo, liguriens, adhibebat». Hay muchas noticias interesantes sobre la historia del tenedor en: P. Molmenti, *La storia di Venezia nella vita privata*, Bérgamo, Istituto Italiano d'Arti Grafiche, 1906, vol. I, pág. 441. Tenedor, en véneto, se dice «piròn», del griego «peìro», ensarto.

2. «Quid vanius quam ornare mensam mantilibus picturatis, cultellis ebore manicatis, vasis aureis, vasculis argenteis, cuppis et nappis, varalibus et gradalibus, scutellis et coclearibus, fascinulis et salariis, bacilibus et urceolis, capsuilis et flabellis? [...] Scriptum est enim: "Non cum morietur accipiet hec omnia, neque simul descendet cum eo gloria sua"»: Lotharii cardinalis (Innocentii III), *De miseria humane condicionis*, II, 40, a cargo de M. Maccarrone, Lugano, Thesaurus Mundi, 1955, pág. 71. El pasaje es citado por C. Casagrande, S. Vecchio, *I sette vizi capitali. Storia dei peccati nel Medioevo*, Turín, Einaudi, 2000, pág. 29.

vocati, quod in unum coeuntes vivant, ut vita communis ornatior fiat et tutior» («Los ciudadanos —explica el autor— son llamados así a fin de que vivan reunidos y su vida en común sea más agradable y segura»[3]): el miniaturista ha querido subrayar que el rito social de la comida es un factor de civilización y que los adornos, entre otros el tenedor, ejemplifican la amenidad de la existencia urbana.

Para el siglo XII sólo conozco una representación de la *Cena de los once apóstoles con Cristo después de su resurrección* (Lucas 24, 42), donde un solitario tenedor está excepcionalmente puesto sobre el blanco mantel: se encuentra en una de las miniaturas del *Hortus deliciarum* de la abadesa Herrad de Hohenbourg (fig. 87).[4] No sabemos si el añadido fue una orden personal de la comitente, originada por la costumbre de los buenos modales. En todo caso, se parece mucho a los verdaderos tenedores medievales, llegados, quién sabe después de cuántas peripecias, al museo Horne de Florencia (fig. 88).

El uso del tenedor se generalizó al mismo ritmo que la difusión de una comida típicamente medieval y que sigue siendo el pilar de la cocina italiana, la pasta, porque era el instrumento adecuado para ensartar esa comida caliente y resbaladiza.

«MACCARUNI BLANKI DI SYMULA E LASAGNI DI SIMULA»

En torno a la mesa se expresan, a través de los códigos de comportamiento, los caracteres. En la Edad Media se comía «al tajo»: la comida, cuando no se disponía directamente sobre la rebanada de pan, se colocaba sobre un tajo de madera que servía para dos invitados a la vez.

3. Hrabani Mauri, *De Universo*, Migne, Patrologia Latina, XVI, cap. 4, col. 451. Sobre el códice Casin. 132 cfr.: Rabano Mauro, *De rerum naturis, cod. Casin. 132*, Archivo de la Abadía de Montecassino, vol. I, *Commentari*, a cargo de G. Cavallo, vol. II, *Facsimile* del códice, Ivrea, Priuli e Verlucca, 1995.

4. Herrad of Hohenbourg, *Hortus deliciarum*, a cargo de R. Green, Londres-Leiden, The Warburg Institute-Brill, 1979, vol. II., tab. 99, pág. 295. Agradezco al profesor Alessandro Salerno y a sus alumnos (clase III, sección I) del Liceo Scientifico Statale «Luigi Einaudi» de Siracusa haberme sugerido la correcta interpretación de la figura. También un tenedor está apoyado sobre la mesa de las Bodas de Canaá en una miniatura de un manuscrito de finales del siglo XI. Se trata del *Sacramentario di Warmondo*, f. 127r. Véase: *Sacramentario, op. cit.*

El forzado reparto de las viandas hacía aflorar más fácilmente las diversidades de talante y de temperamento.

Nuestro Franco Sacchetti cuenta, con su habitual brío, de dos comensales, uno insoportablemente voraz, el otro listo para contrariarlo con ironía. Un tal Noddo d'Andrea era famoso por engullirlo todo rapidísimamente, a cualquier temperatura. Noddo

> rogaba a Dios, cuando estaba comiendo con otros, que las viandas estuvieran candentes, para poder comerse la parte de su compañero. Y cuando eran peras dañadas [cocidas con vino y azúcar] bien calientes, a su compañero le quedaba el tajo: de lo demás no podía dar razón. Ocurrió por casualidad una vez que comiendo Noddo y otros, y siendo colocado Noddo en el tajo con un hombre agradable, llamado Giovanni Cascio, y viniendo macarrones calentísimos, y habiendo este Giovanni oído varias veces las costumbres de Noddo, al verse ubicado en el tajo con él, decía para sus adentros: «Creía que había venido a comer y, en cambio, he venido a ver tragar a Noddo, y encima macarrones, con tal de que no me coma a mí ya estará bien». Noddo comienza a juntar los macarrones, los enrolla y adentro, ya había mandado abajo seis bocados cuando Giovanni aún tenía el primer bocado en el tenedor, y no se atrevía, al verlo tan humeante, a metérselo en la boca. Y considerando que convenía engullir esta comida en Cafarnao,[5] como fuera, dijo para sus adentros: «No permitiré que éste devore también mi parte».

Entonces Cascio, a cada bocado de Noddo echaba el suyo a los perros que estaban en torno a la mesa, hasta que Noddo, al no poder soportar tanto desperdicio, se rindió y dejó que su compañero, para desquitarse del perjuicio, comiera doble ración.[6]

La pasta, ya en tiempos de Boccaccio, era considerada una auténtica exquisitez, símbolo de abundancia y alegría: al buen Calandrino se le hizo creer que existía

> una comarca que se llamaba Bengodi, en la que las vides se atan con longanizas y se tiene una oca por un dinero y un pato además, y había allí

---

5. Cafarnao, ciudad de Galilea a la que acudió una gran multitud de personas para escuchar a Cristo (Marcos, 2,2). Metafóricamente, lugar donde se amontonan muchas cosas en desorden. La locución jocosa significa: tragar, comer.

6. Sacchetti, *Il Trecentonovelle*, *op. cit.*, cuento CXXIV, págs. 325-326.

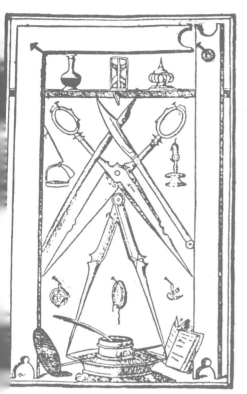

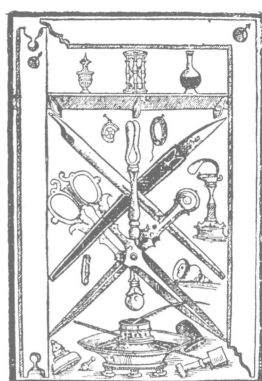

FIGURA 1. *Los instrumentos del escriba*. Dibujo, de *Libro di M. Giovambattista Palatino, cittadino Romano, nel qual s'insegna a scriver ogni sorte di lettere antica et moderna*, en Roma, Campo di Fiore, por Antonio Blodo, asolano, MDXLV.

FIGURA 2. *Los instrumentos del escriba. Dibujo, de Lo presente libro insegna la vera arte del Excellente scrivere de diverse varie sorti di litere… Opera del Tagliente… stampata in Vinegia per Pietro di Nicolini de Sabbio… MDXXXVII.*

FIGURA 3. *La celebración del Oficio de difuntos.* Miniatura, mediados del siglo XIV. Besançon, Bibliothèque Municipa ms. 140 (manuscrito compuesto; la miniatura se encuentra dentro del *Salterium ad usum Engolismensis diocesis*), f. 190. *Al lado,* detalle.

FIGURA 4. Tomaso da Modena (Tomaso Barisini), *El cardenal Nicolò de Rouen con una lente en la mano*. Fresco, 1352. Treviso, Convento de san Nicolás, Sala capitular.

FIGURA 5. Tomaso da Modena (Tomaso Barisini), *El cardenal Ugo di Provenza con gafas bien sujetas en la nariz.* Fresco, 1352. Treviso, Convento de san Nicolás, Sala capitular.

URA 6. *Franciscano trabajando*. Miniatura, siglo XV, de Jacques de Guyse, *Chroniques de Hainaut*.
ís, Bibliothèque Nationale, ms. français 20127, f. 2v.

FIGURA 7. Conrad Leib, *San Bernardino de Siena con unas gafas en el cinturón dentro de un estuche*. Tabla de altar, entre 1460 y 1465. Ptuj (Pettau), Pokrajinski Muzej. *Abajo*, detalle.

FIGURA 8. *Leonhard Wagner trabajando*. Miniatura, 1511-1512. Stuttgart, Württembergische Landesbibliothek, cód. mus. I 2° 65 (Lorcher Chorbuch), f. 236v.

FIGURA 9. Giovanni di Paolo, *San Jerónimo se aparece a san Agustín*. Tabla, comienzos del siglo XV. Berlín, Staatlichen Museen, Gemäldegalerie.

Figura 10 (*detalle*). *El evangelista Lucas, con la ayuda de las gafas, compone su evangelio*, de *Cristo y los cuatro evangelistas* (*arriba*). Miniatura, siglos XIV-XV. Nueva York, Pierpont Morgan Library, ms. 331, f. 187r.

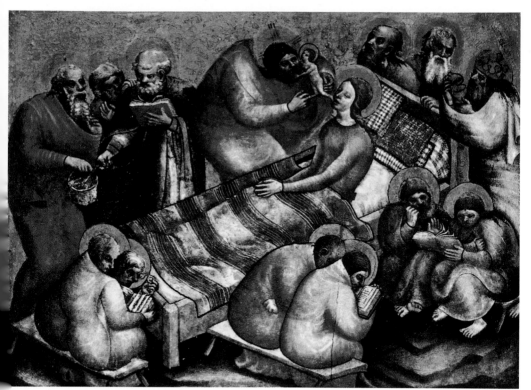

Figura 11. *La muerte de la Virgen.* Tabla de altar, entre 1370 y 1372. Innsbruck, Tiroler Landesmuseum Ferdinandeum. *Abajo*, detalle: *Un apóstol lee, con la ayuda de las gafas, el libro de plegarias de su compañero.*

FIGURA 12. *Un apóstol con gafas*, detalle de *La muerte de la Virgen*. Políptico (Albrechtsaltar), 14
Klosterneuburg, Stiftsmuseum Klosterneuburg.

FIGURA 13. *La disputa de Catalina de Alejandría*. Tabla, siglo XV. St. Lorenzen ob Murau, Estiria. *Arriba*, detalle.

FIGURA 14. Michael Pacher, *Ecce Homo*, con el detalle del fariseo con gafas con lentes de esmeralda. Tabla, hacia 1475. Gries (Bolzano), Iglesia parroquial.

FIGURA 15. *Ecclesia y Synagoga*. Miniatura, comienzos del siglo XIII,
Montpellier, Faculté de Médecine, ms. H 399, f. 108.

FIGURA 16. Marinus van Roymersvaele, *Los usureros*. Tabla, siglo XVI. Florencia, Museo Stibbert.

FIGURA 17. Ludwig Konraiter, *Santa Ana, Virgen con el Niño, santa Úrsula y santas vírgenes*. Tabla, entre 1485 y 1490. Wilten (Innsbruck), Stiftsmuseum des Prämonstratenser Chorherrenstiftes. *A la izquierda*, detalle: *Santa Otilia en meditación*.

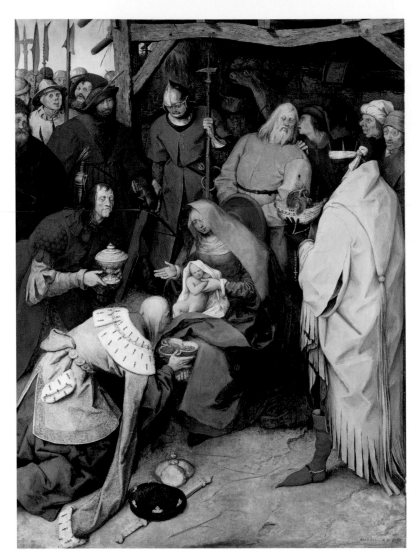

FIGURA 18. Pieter Brueghel el Viejo, *Personaje con gafas atadas* (a la derecha), detalle de la *Adoración de los Reyes magos*. Tabla, 1564. Londres, National Gallery.

FIGURA 20. *El abad Suger ofrece una vidriera*. Vidrio coloreado, hacia 1145. Saint-Denis (París), iglesia abacial.

GURA 19. *El Árbol de Jessé*. Vidrio coloreado, hacia 1145. nt-Denis (París), iglesia abacial.

FIGURA 21. *Jean Miélot trabajando*. Miniatura, hacia 1450. Bruselas, Bibliothèque Royale Albert I, ms. 9278-80, f. 10.

FIGURA 22 (*pág. siguiente*). Stefano di Antonio (1407-1438), dos detalles de la *Última Cena*. Fresco. Cercina (Florencia), San Andrés.

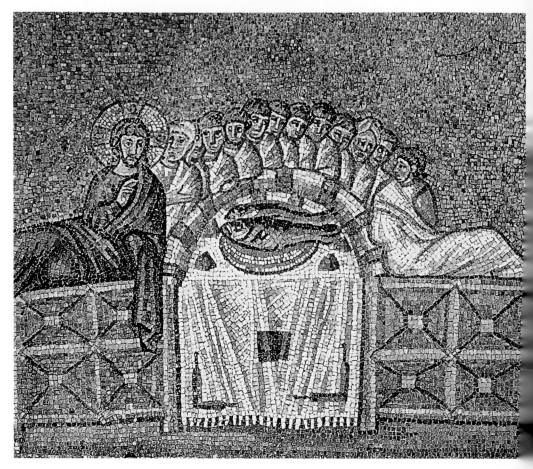

FIGURA 23. *Última Cena*. Mosaico, siglo VI. Ravena, Sant'Apollinare Nuovo.

FIGURA 24. Ugolino di Prete Ilario, *Natividad de la Virgen*. Fresco, entre 1370 y 1380. Orvieto, Duomo.

FIGURA 25. *Un franciscano en la cátedra.* Miniatura, siglo XIV, de Nicolas de Lyre, *Postillae,* Reims, Bibliothèque Municipale, 178, f. 1.

FIGURA 26. *Tumba de Cino da Pistoia*, escultura, comienzos del siglo XIV. Pistoia, Duomo.

FIGURA 27. Benedetto Antelami, *La Virgen entronizada e historias del Bautista*. Relieve, fines del o XII. Parma, Baptisterio.

FIGURA 28. *El poeta Virgilio como jurista*. Escultura, primera mitad del siglo XIII. Mantua, Palacio del Broletto.

Figura 29 (*arriba, izquierda*). *Hornacina para libros excavada en la pared del claustro*, comienzos del siglo XIII. Fossanova (Latina), Abadía.

Figura 30 (*arriba, derecha*). Andrea da Firenze, *La disputa de Pedro mártir con los herejes*, detalle de *La Iglesia militante*. Fresco, 1366-h. 1368. Florencia, Santa Maria Novella, Capilla de los Españoles.

Figura 31. *El bedel y el escolar leyendo*, detalle de la *Tumba de Matteo Gandoni*. Escultura, 1330. Bolonia, Museo Cívico Medieval, Palacio Ghisilardi-Fava.

FIGURA 32. *Una farmacia y todos sus medicamentos*. Fresco de principios del siglo XV. Issogne (Aosta), Castillo.

FIGURAS 33 y 34. *La tumba de Bonifacio Galluzzi* y *Escolares en clase* (detalle). Altorrelieve, 1346. Bolonia, Museo Cívico Medieval, Palacio Ghisilardi-Fava.

et successionum ab intestato. Et primo.
¶ De Jure reddendo. Rubrica

GURA 35. *Dos notarios registran las explicaciones del juez*. Miniatura, 1376, de
tatutos del Municipio de Bolonia. Bolonia, Archivo de Estado, Municipio-Gobierno,
tatutos, vol. XIII, c. 157r.

FIGURAS 36 y 37. *Documento de 25 de marzo de 1192* (enfiteusis de unas tierras de San Paolo di Reschio) *que el notario Raniero ha distinguido con el número 60 (a la izquierda). El signum del notario Raniero de Perugia (arriba)*, dibujos a pluma, números 28, 60, 52 y 63 para los años 8 de octubre de 1194, 25 de marzo de 1192, 5 de noviembre de 1187, 1 de diciembre de 1188. Perugia, Archivo de Estado, Fondo corporaciones suprimidas, Documento diplomático de Santa María d Valdiponte, pergamino 161, 153, 133, 143.

FIGURA 38. *El testimonio más antiguo de los números árabes*. Escritura sobre pergamino. Madrid, Bibliotec San Lorenzo del Escorial, *codex Virgilianus*, ms. Lat. D. I. 2, f. 9v.

FIGURA 39. *Escena de comercio*. Miniatura, 1328. Turín, Biblioteca Nacional Universitaria, *Digestum*, ms. E.I.1-c. 174r. *Abajo*, detalle.

FIGURA 40. Nicolò di Giacomo, *San Petronio y el dinero recogido por el Municipio*. Miniatura, 1394, del *Libro de los acreedores del Montepío*. Bolonia, Archivo de Estado, ms. Cód. min. n° 25, f. 1v.

FIGURA 41. *Símbolo del Montepío de Reggio Emilia*. Piedra arenisca, 1612. Reggio Emilia, Colección Bipop-Carire.

FIGURA 42. Vecino de Ferrara (así llamado), *Bernardino da Feltre*. Tabla, entre 1494 y 1507. Ferrara, Pinacoteca Nacional, inv. 67.

FIGURA 43. *La figura de la vida eterna*. Xilografía, 1494, de Marco da Montegallo, *Tabla de la salu*

URA 44. *Mandato* en griego y árabe de la condesa Adelasia del Monferrato, primera mujer de er I. Papel, 1109. Palermo, Archivo del Estado.

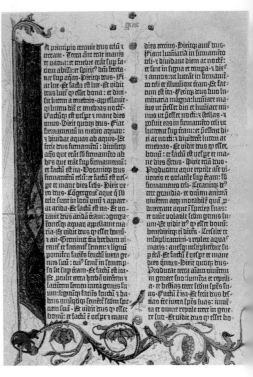

FIGURA 46. *Una página* de la *Biblia en latín*, llamada *de las 36 líneas*, impresa por Gutenberg en 1450.

FIGURA 45. *Antiguas filigranas* de los papeleros fabrianeses usadas en los siglos XIV y XV. Fabriano (Ancona), Museo del papel y de la filigrana.

FIGURA 47. *Una página impresa por Aldo Manuzio* (antes de noviembre de 1495), de Musaesus, *Opusculum de Heronc et Leandro*, en griego y latín, Aldo, s.a., Venecia, en 4° pequeño. París, Bibliothèque Nationale

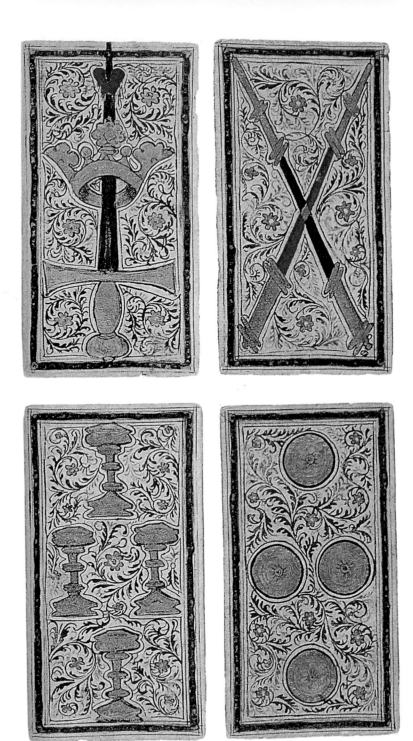

FIGURA 48. *Barajas* provenientes de Ferrara. Xilografía sobre papel reforzado, siglo XV. Venecia, Museo Correr.

FIGURA 49. Giotto, La *Stultitia*.
Fresco, 1305. Padua, Capilla
Scrovegni.

FIGURA 50. *Juegos en el castillo*. Fresco, comienzos del siglo XV. Issogne, Aosta, Castillo.

FIGURA 51. *El ahorcado*, del llamado *mazo de Carlos VI*, fines del siglo XV. París, Bibliothèque Nationale.

FIGURA 52. *Jacopo de Cessolis predica con la ayuda de un tablero.* Miniatura, 1458. Roma, Biblioteca Vaticana, Cod. Pal. Lat. 961, f. 1r.

FIGURA 53. *La mujer del duque Guernieri juega al ajedrez con el caballero Guglielmo e intenta* *ducirlo*. Detalle de los frescos del ciclo *La Chastelaine de Vergy*, fines del siglo XIV. Florencia, useo del Palacio Davanzati.

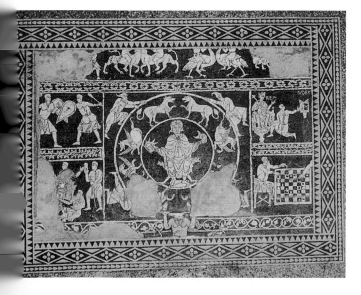

FIGURA 54. *Jugar a los dados,* *jugar al ajedrez*. Mosaico, fines del siglo XII, con detalle. Piacenza, San Savino.

FIGURA 55. *Dieciséis piezas para el juego de ajedrez*, del «ajedrez de Carlomagno». Marfil, fines del siglo XI. París, Bibliothèque Nationa[le] Cabinet des médailles. *Abajo*, el *Alfil*.

FIGURA 56. *El mes de Enero*, de Andrea de Bartoli, *Officium Beatae Mariae Virginis*. Miniatura, siglo XIII. Forlì, Biblioteca Municipal, ms. 853, f. no numerado.

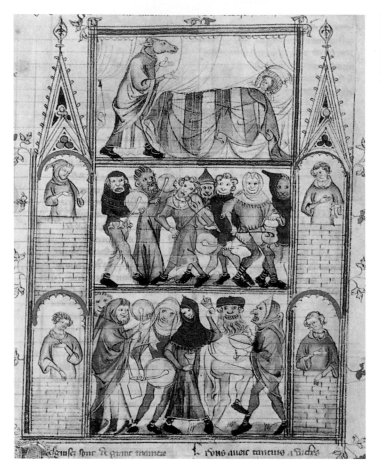

FIGURA 57. *Charivari.*
Miniatura, 1316, del *Roman de Fauvel*. París,
Bibliothèque Nacional, ms. Fr. 146, f. 34.

FIGURA 58. *Charivari.*
Miniatura, 1316, del *Roma de Fauvel*. París,
Bibliothèque Nationale, m Fr. 146, f 36v.

FIGURA 59. *Purgatorio*. Fresco, 1330. Orvieto, San Lorenzo de Arari.

FIGURA 60. El autómata «Maurizio». Aleación metálica, 1351. Orvieto, torre de la esquina entre Via del Duomo y la plaza del Duomo.

FIGURA 61a. *M* (inicial de *María*). Detalle de la inscripción en el traje del autómata «Maurizio».

FIGURA 61b. Detalle de la inscripción en el cinturón del autómata «Maurizio».

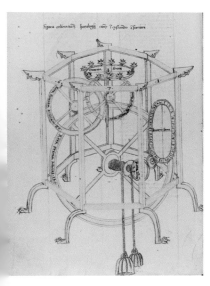

FIGURA 62. Giovanni Dondi dall'Orologio, *Astrarium*. Dibujo, 1461. Oxford, Bodleian Library, ms. Laud. Misc. 620, f. 10v.

FIGURA 63. *Astrarium* de Giovanni Dondi dall'Orologio, según la reconstrucción de Luigi Pippa. Milán, Museo de la Ciencia y de la Técnica.

Figura 64. Iacopo del Sellaio, *El triunfo del Tiempo*. Tabla, 1480-1490. Fiesole, Museo Bandini.

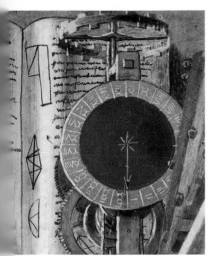

FIGURAS 65 y 66. Sandro Botticelli, *San Agustín en su estudio*. Fresco, en torno a 1480. Florencia, iglesia de Ognissanti. (*Abajo*).

FIGURA 67. *Guido d'Arezzo*. Dibujo a pluma coloreado, 1050, de *Micrologus*. Wolfenbüttel, Herzog August Bibliothek, cod. Guelf. 334, Gud. Lat. 8°, f. 4r.

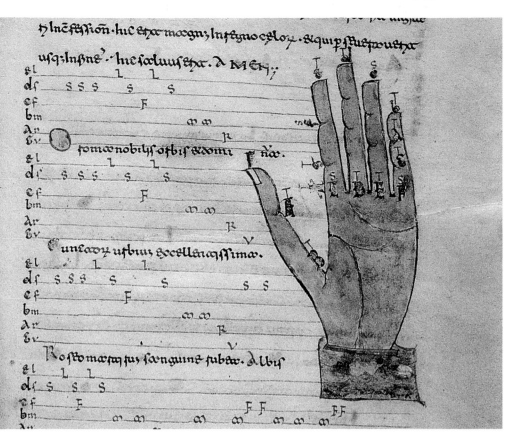

FIGURA 68. *Mano «guidónica»*. Miniatura, fines del siglo XI. Montecassino, Abadía, Biblioteca, ms. 318, f. 291.

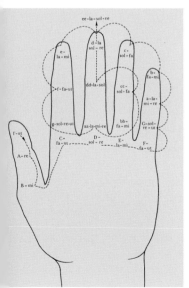

FIGURA 69. *El esquema de la mano «guidónica»*.

FIGURA 70. Barnaba da Modena (activo entre 1361 y 1383), *Virgen y Niño con amuleto de coral al cuello*. Tabla, en torno a 1367 (?). Boston, Museum of Fine Arts, donación de mrs. W. Scott Fitz.

FIGURA 71. Lorenzo da Viterbo (escuela de), *San Egidio amamantado por una cierva*. Pala, comienzos del siglo XV. Orte, Museo Diocesano.

FIGURA 72 (*arriba*). Joos Van Cleve, *Retrato de desconocida*. Tabla, siglo XVI. Florencia, Uffizi.

FIGURA 73 (*derecha*). Hans Memling, *Retrato de una novia*. Tabla, hacia 1480. Nueva York, Metropolitan Museum of Art.

erat genrilis patriarca. et volta adorabat hic univs filiam
habebat i qui spe sua ponebat. Illa vero replei spu scdo mor
ut nata e de sua matre. i quoa civitate abete. xv. ab iuochia
civitate. Que nutria fuit atca fusceperat eam medite nu
tiref quiao aut mortua emater. Beata margarita ampli
ori de siderio tenebat a sua matrice. quia vere formosa erat
q xpm i vocabat. ac dm tuiebat et adorabat. Odiosa erat
patri suo et dilecta erat adno ihu xpo. erat aut anoru duodeci
et delectabat in domo nutricis sue. Et audivit certami
na omniu martiru. quia sanguis multas ustoru. effunde
bat inillis teporib per noie ihu xpe. Illa vero replei spu
scdo tota se tradidit deo. qui ea salva fecit et casta redivit tu
aia qua corpore. Et ipsa pascebat oves nutricis sue co
ceris puellis coetaneis suis.

FIGURAS 75 y 76. Georges de La Tour, *El tramposo con el as de diamantes*. Óleo, hacia 1625. París, Musée du Louvre. *La jugadora y el joven timado*. (*Abajo*), detalle

FIGURA 77 (*derecha*). *El mes de febrero*, miniatura, de *Les Très riches Heures du duc de Berry*, hacia 1413. Chantilly, Musée Condé, f. 2v.

FIGURA 78. *Los efectos de la fuente de la juventud*. Fresco, detalle, mediados del siglo XV.
Castillo de la Manta (Cuneo).

FIGURA 79. *Un viejo se desviste para entrar en la fuente de la juventud*. Fresco, detalle, mediados del siglo XV. Castillo de la Manta (Cuneo).

FIGURA 80. *El martirio de san Esteban*, miniatura, entre 1350 y 1378. París, Biblioteque Nationale, ms. lat. 757, c. 286.

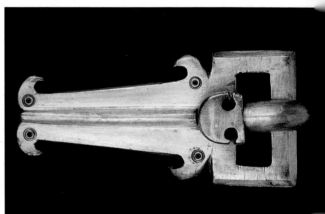

FIGURA 81. *Historias de san Pablo.*
Tabla de díptico, marfil, siglo VI.
Florencia, Museo del Bargello.

FIGURA 82. *San Martín regala su
manto.* Miniatura, del *Misal de
Warmondo*, 969-1002. Ivrea,
Biblioteca Capitular, ms.
LXXXVI (31), f. 114r.

FIGURA 83. *Hebilla longobarda en
plata con hebijón*, siglo VII. Cividale
del Friuli, Museo Arqueológico
Nacional, inv. 1520-R.A. 163.

FIGURA 84. *El rey Rotario en la mesa.* Miniatura, comienzos del siglo XI, del *Codex legum Langobardorum*, Cava de' Tirreni (Salerno), Biblioteca de la Abadía, ms. 4, f. 69v.

FIGURA 85. *Comida con cuchillo y tenedor.* Dibujo coloreado, comienzos del siglo XI (aunque el códice fue con toda probabilidad reproducido de una copia ilustrada de época carolingia), de Rabano Mauro, *De Universo.* Montecassino, Abadía, ms. Casin. 132, f. 515.

FIGURA 86. *Un rico banquete.* Dibujo coloreado, comienzos del siglo XI (aunque el códice fue con toda probabilidad reproducido de una copia ilustrada de época carolingia), de Rabano Mauro, *De Universo.* Montecassino, Abadía, ms. Casin. 132, f. 408.

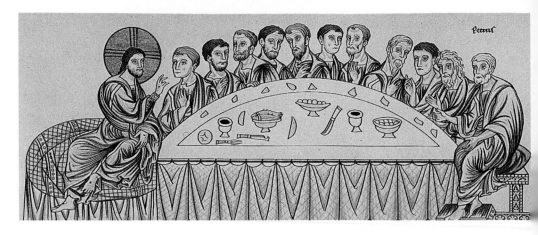

FIGURA 87. *Cena de los once apóstoles con Cristo después de la resurrección*. Miniatura, siglo XII, de Herrad de Hohenbourg, *Hortus deliciarum*, f. 167r (tomado de un dibujo de A. de Bastard d'Estaing del destruido manuscrito de la biblioteca municipal de Estrasburgo).

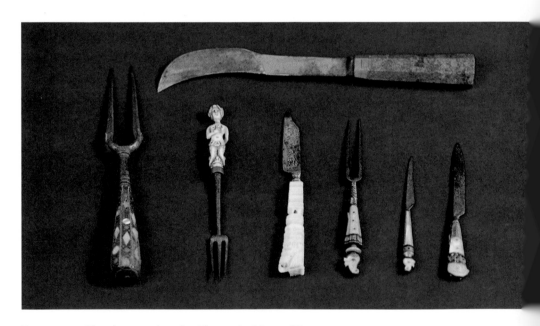

FIGURA 88. *Tenedores medievales*. Florencia, Museo Horne.

FIGURA 89. *La confección casera de la pasta*. Miniatura, de un manuscrito encargado por Giorgio de Liechtenstein, obispo de Trento entre 1390 y 1419. Viena, Österreichische Nationalbibliotek, ms. Series Nova, 2644, *Tacuinum Sanitatis*, f. 45v.

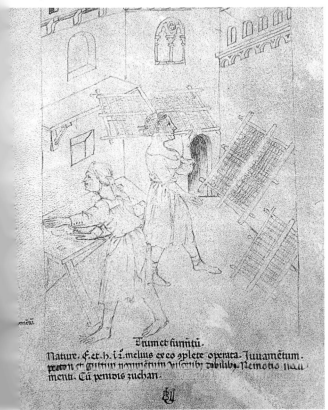

FIGURA 90. *La confección en serie de la pasta*. Miniatura, fines del siglo XIV. Liège, Bibliothèque Universitaire, *Tacuinum Sanitatis*, ms. 1041, f. 32v.

FIGURA 91. Pieter Brueghel el Viejo, *El molino de viento*, detalle de *Subida al Calvario*. Tabla, 156
Viena, Kunsthistorisches Museum.

FIGURA 92. *San Ambrosio se dirige hacia Liguria y Emilia*. Bajorrelieve en plata del «altar de olvinio», entre 842 y 847. Milán, San Ambrosio.

FIGURA 93. *Ataque con lanza bajo la axila en la batalla entre británicos y vikingos*. Miniatura, hacia 1130, de *Vida y milagros de san Edmundo, rey y mártir*. Nueva York, The Pierpont Morgan Librar ms. 736, f. 7v.

FIGURA 94. *Cómo los florentinos hicieron la guerra a Pistoia y tomaron Carmignano.* Miniatura, probablemente entre 1350 y 1375, de Giovanni Villani, *Nueva Crónica.* Roma, Biblioteca Vaticana, ms. chigiano L VIII 296, f. 72v.

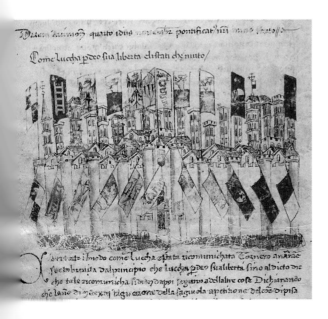

FIGURA 95. *Cómo Lucca perdió su libertad y los estados que cambió.* Miniatura, de Giovanni Sercambi, *Crónicas,* comienzos del siglo XV. Lucca, Archivo de Estado, ms. Bibl. 107, c. 44v (viñeta CXXIII).

FIGURA 96. Giacomo Busca da Clusone (?), *El esqueleto con la escopeta*, detalle de *El Triunfo de la Muerte*. Fresco, 1485. Clusone (Bérgamo), Iglesia de los Disciplinarios.

FIGURA 97. *Un carro cargado de mieses se encamina colina arriba*, comienzos del siglo XIV. Londres, British Library, *The Luttrell Psalter*, ms. Add. 42130, f. 173v.

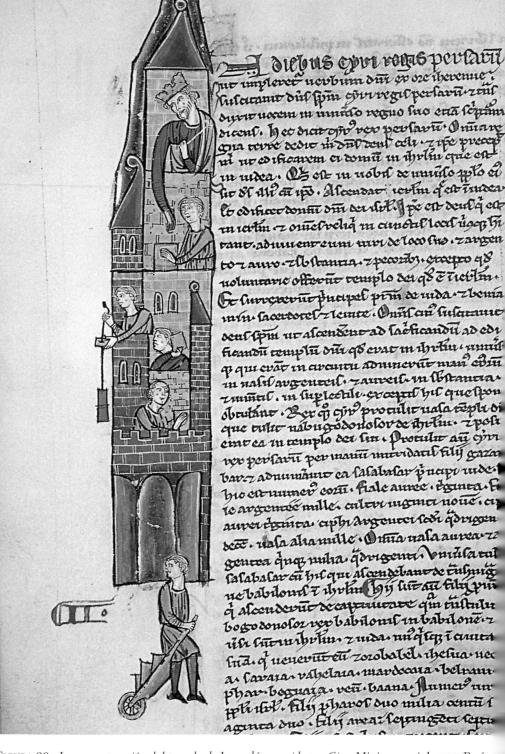

FIGURA 98. *La reconstrucción del templo de Jerusalén querida por Ciro.* Miniatura, siglo XIII. París, Bibliothèque Sainte-Geneviève, ms. 1185, f. 127v.

FIGURA 99. *Los viejos cónyuges de camino hacia la fuente de la juventud.* Fresco, mediados del siglo . Castillo de la Manta (Cuneo).

FIGURA 100. Gentile da Fabriano, *Milagro de san Nicolás*. Tabla, 1425, Roma, Pinacoteca Vaticana.

una montaña toda de queso parmesano rallado en lo alto de la que había gentes que nada hacían sino macarrones y raviolis y cocerlos en caldo de capones, y luego los arrojaban desde allí abajo, y quien más cogía más tenía.[7]

Los ingredientes para fabricar la pasta son muy sencillos: harina de grano duro y agua. También los romanos disponían de ellos y, sin embargo, no la conocían. Con la misma masa preparaban, en cambio, el pan, cocido con calor seco, o gachas y polentas, cociendo la mezcla acuosa con calor húmedo. En el ámbito de este sistema la pasta es «impensable», afirman dos expertos en la materia, Silvano Serventi y Françoise Sabban, porque se basa en dos preparaciones de naturaleza contrapuesta, una masa igual a la del pan (ácimo), pero cocida con calor húmedo como una polenta.[8]

El *laganum* romano, obvio pariente de la *lasagna* (lasaña), era una delgada hoja de pasta que por el método de cocción (al horno o frita en aceite hirviendo) no corresponde a nuestro concepto de pasta (que necesita un hervor en agua). Habrá que esperar hasta el siglo XIII para que las lasañas sean citadas en las fuentes medievales. Por entonces también hizo su aparición la pasta filiforme, con el inconfundible nombre de «vermicelis».[9] Me parece que debo renunciar al puente entre Antigüedad y plena Edad Media representado por Isidoro de Sevilla (siglos VI-VII), porque la definición de *laganum* («laganum est latus et tenuis panis, qui primo in aqua postea in oleo frigitur») presente en las *Etymologiae*, según la *Patrología latina* de Migne, no aparece en la edición crítica de la obra de Isidoro, de Lindsay: ¡quién sabe en qué manuscrito interpolado la habrá encontrado Migne![10]

7. Boccaccio, *Decameron*, VIII, 3, ed. cit., vol. II, pág. 908.
8. Éstas son las conclusiones a las que llegan Silvano Sirventi y Françoise Sabban en su volumen: *La pasta. Storia e cultura di un cibo universale*, Roma-Bari, Laterza, 2000, pág. 19.
9. Aunque en el Talmud de Jerusalén, cuya redacción definitiva es de finales del siglo V, se hace referencia a una pasta cocida no al horno, sino en agua: *ibid*, pág. 23.
10. En todo caso, no me parece fiel la traducción correspondiente de Serventi y Sabban, *La pasta, op. cit.*, pág. 23: «Un pan ancho y delgado, cocido primero en agua, luego frito en aceite», porque falta el verbo que indica el hervor, verbo que no se deja sobrentender fácilmente, ni es del todo fácil entender «panis» por pasta aún no cocida. Los dos autores remiten a B. Laurioux, *Des lasagnes romaines aux vermicelles arabes:*

La pasta tiene un nacimiento muy lento y laborioso, con itinerarios culturales muy complejos. Un nuevo paso se dio cuando ya no fue servida en el caldo de cocción, sino seca, convirtiéndose en una comida aparte, en Italia la «pastasciutta». Desde el siglo XII Sicilia comercia ampliamente con la pasta seca. Otro polo de producción es Cerdeña, sobre todo en los siglos XIII y XIV, pero encontramos la pasta registrada en muchos puertos, como, por ejemplo, Pisa y Génova, y luego también en Provenza, convirtiéndose en un artículo de gran comercio y exportación que alcanza incluso al norte de África y Andalucía.[11]

En 1371 se estableció en Palermo un precio político para los «maccaruni blanki di symula e lasagni di simula» y los «maccaruni blanki di farina e lasagni di farina», fijando un precio distinto para las dos pastas, una de grano duro y otra de grano blando. En el documento se distingue incluso entre la pasta *axutta* (seca) y *bagnata* (fresca): el control de los precios, que se dirige siempre a los bienes de primera necesidad, nos testimonia la importancia que había alcanzado la pasta en la alimentación.[12]

El florentino Marchionne di Coppo Stefani, para explicar la rapidez con que los cadáveres se amontonaban en las fosas comunes durante la terrible peste de 1348, escribió que le parecía ver que preparaban una menestra de lasañas condimentada con queso («come si minestrasse la-

---

quelques réflexions sur les pâtes alimentaires au Moyen Age, París, Mélanges Fossier, Publications de la Sorbonne, 1955, pág. 204, n. 32, quien escribe : «Quant à Isidore de Séville, il définira plus tard le laganom comme "un pain large et mince, qui [est cuit] d'abord dans l'eau, puis frit dans l'huile"». El autor remite a *Etymologiae*, XX, 2, 487, Migne, Patrologia Latina, LXXXIV, col. 708. La edición crítica a cargo de W. M. Lindsay, Oxford Clarendon Press, 1911, se salta, como se ha dicho, completamente esta frase. El *laganum* podría haber sido un pan seco y delgado, como el que aún se usa en Cerdeña, reblandecido en agua y luego, una vez ablandado, tratado como un buñuelo (algo así como el pastel hecho con restos de pan seco, que primero se han bañado en leche). Agradezco a S. Serventi y F. Sabban que hayan respondido con solicitud a todas mis objeciones. Para los dos autores la cuestión sigue abierta: *laganum* en textos anteriores a Isidoro parece remitir no a un pan ya cocido, sino a una galleta de pan ácimo. Faltan ejemplos de pan ablandado en agua y luego frito. Pero, puesto que el pasaje ya no es de Isidoro, es difícil establecer el antes y el cuándo. En todo caso, la importancia del pasaje disminuye mucho.

11. Serventi, Sabban, *La pasta, op. cit.*, pág. 36 y sigs.
12. *Ibid*, pág. 59.

sagne a fornire di formaggio»).[13] Las hojas de pasta eran los cadáveres y el queso necesario para condimentar cada capa, la poca tierra que separaba a unos muertos de otros: poca tierra, porque no había tiempo para seguir excavando. Pero el crudo realismo de esta comparación, por el ámbito familiar y cotidiano del que se ha tomado, confirma la costumbre de recurrir a la pasta como componente habitual de la comida.

Dos miniaturas, tomadas de dos *Tacuina sanitatis* distintos de finales del siglo XIV y comienzos del XV, nos muestran la confección de la pasta casera y en serie, probablemente destinada al comercio.[14] En la primera (fig. 89) dos mujeres están concienzudamente ocupadas en su trabajo. No han renunciado a sus hermosos trajes, a los zapatos en punta, como quiere la moda, pero se han desabrochado los botones y les han dado vuelta a sus mangas estrechísimas. Se han puesto, además, un largo delantal. La que está amasando también se ha cubierto la cabeza para protegerse el pelo. El local es despejado, como acostumbraban a ser las pequeñas estancias medievales, donde el exiguo espacio contenía pocos muebles. El trabajo se lleva a cabo en cadena, y podemos asistir a los dos momentos del inicio y el fin del ciclo: la mujer de la mesa impregne la harina y amasa, la compañera dispone los largos hilos sobre una especie de ancha escalera y, con gestos precisos, los levanta para airearlos y secarlos, bien separados el uno del otro.[15] En la hornacina de dos repisas, al fondo, junto a la jarra, está dispuesto un vaso lleno de vino tinto, quizá para confortar a las dos trabajadoras.

En la segunda miniatura (fig. 90) la confección se realiza según la misma división y el mismo ritmo. Solamente los secaderos han aumen-

13. «Fecesi a ogni chiesa, o alle più, fosse infino all'acqua, larghe e cupe, secono lo popolo era grande; e quivi chi non era molto ricco, la notte morto, quegli, a cui toccava, se lo metteva sopra la spalla, o gittavalo in questa fossa, o pagava gran prezzo a chi lo facesse. La mattina se ne trovavano assai nella fossa, toglievasi della terra, e gittavasi laggiuso loro addosso; e poi veniano gli altri sopr'essi, e poi la terra addosso a suolo a suolo, con poca terra, come si minestrasse lasagne a fornire di formaggio»: Marchionne di Coppo Stefani, *Cronaca fiorentina*, Rerum Italicarum Scriptores, XXX, 1, rúbrica 634, pág. 231; línea 19.

14. L. Cogliati Aragno, *Tacuinum Sanitatis*, Milán, Electa Editrice, 1979, págs. 5-25, analiza los manuscritos a los que pertenecen nuestras miniaturas.

15. En el siglo XV recetas de macarrones, vermicelis y raviolis se encuentran en el *Libro de Arte coquinaria* del Maestro Martino: C. Benporat, *Cucina italiana del Quattrocento*, Florencia, Olschki, 1996.

tado en número y las mujeres —una está descalza— no llevan los hermosos vestidos de la miniatura precedente, sino otros más humildes y rasgados, lo cual hace pensar en una representación más realista de las condiciones de trabajo y de reclutamiento de la mano de obra. En este mismo manuscrito está representada también la recolección del albaricoque («Armeniaca», es decir, proveniente de Armenia):[16] según una ocurrencia de Jacques Le Goff, el único «fruto» que Occidente sacó de las Cruzadas.

LA FUERZA DEL AGUA Y EL VIENTO: EL MOLINO

La difusión de la pasta fue acompañada por un cambio fundamental de la dieta alimenticia. En la alta Edad Media la población era escasa y la comida, sobre todo a base de carne, sostenida por los recursos del pastoreo y de las grandes florestas, era suficiente. En la baja Edad Media, en cambio, una población que había aumentado extraordinariamente, se vio obligada, para saciar su hambre, a ampliar los campos de cultivo y a un consumo de cereales cada vez más masivo, encontrándose indefensa ante las carestías.[17] Un asalariado de Guillermo V, señor de Avio (1307-1358), fue encarcelado y condenado a una gravísima multa por haberse atrevido a «comer macarrones con pan en época de carestía». Lo cuenta Sacchetti en un cuento: no importa si el episodio ocurrió realmente; lo importante es que la historia podía ser totalmente verosímil.[18]

Para tener tanta harina los molinos estaban siempre en funcionamiento: molinos de agua, dado que el agua era la principal fuerza motriz de la Edad Media. Los molinos eran una presencia tan constante en el paisaje que pasaron a un proverbio. Siempre nuestro Sacchetti empieza un cuento asociando la rueda del molino a la de la Fortuna (que para Mastino della Scala, señor de Verona de 1329 a 1351, estaba en aquel momento en su apogeo): «Cuando micer Mastino estaba en el

16. Liège, Bibliothèque Universitaire, *Tacuinum Sanitatis*, ms. 1041, f. 7.
17. M. Montanari, *L'alimentazione contadina nell'alto Medioevo*, Nápoles, Liguori, 1979.
18. Sacchetti, *Il Trecentonovelle*, *op. cit.*, cuento LXI, pág. 154.

apogeo de la rueda en la ciudad de Verona, haciendo una fiesta, todos los bufones de Italia, como siempre ocurre, corren a ella para ganar y traer agua a su molino».[19] El cuentista cita de nuevo el mismo proverbio, junto a otro que aún hoy usamos, a propósito de la manía de tener cada vez nuevos santos olvidando a los seguros, de larga tradición:

> Y sigue tanto esta idolatría que se abandonan los verdaderos por éstos, que muchas veces, al ser pintados, se les da más importancia y ponen más imágenes que a nuestro Señor. Y tan a menudo se abandona la vieja senda por la nueva. A menudo los religiosos son la causa, al decir a menudo que algún cuerpo enterrado en la iglesia les hará un milagro, y pintándolo para tirar, no agua para su molino, sino velas y dinero. Y se deja la fe a un lado.[20]

Ya san Bernardo había descrito con compartida emoción los benéficos efectos del agua de un río y sus múltiples empleos:

> El río penetra en el interior del monasterio en la medida permitida por la muralla. Primero pasa a través del molino de trigo, donde sus aguas son utilizadas para la molienda bajo el peso de las muelas y para maniobrar el fino cedazo que separa la harina del salvado. Luego las aguas fluyen hasta otra construcción y llenan la caldera, donde se fermenta la cerveza para los monjes, por si fuera necesaria en caso de escasez de vino. Después de esto el río aún no ha terminado su tarea, puesto que es hecho pasar por las máquinas de abatanadura, que están colocadas después del molino de trigo y, mientras en éste el río había servido para la preparación de la comida para los hermanos, ahora sirve para la producción de los tejidos, obedeciendo dócilmente. Levanta y baja alternativamente los pesados bloques de madera de las máquinas para la abatanadura (o mazos o si se prefiere martillos, o pies de madera: este último nombre me parece más adecuado, porque los abatanadores pisan con los pies, saltando rítmicamente). Si se me permite intercalar una broma en esta seria descripción, el río los absuelve de todas las penas de sus pecados [...] En efecto, ¡cuántas cruces de caballo, cuántos brazos humanos habría destrozado la fatiga de la abatanadura! De esta fatiga, en cambio, el río nos libera y nos indul-

19. *Ibid*, cuento CXLV, pág. 376.
20. *Ibid*, cuento CLVII, pág. 441. A propósito de los santos, a los que sólo debe rezarse con un motivo justo, Sacchetti emplea otro proverbio, aún actual: «Ríete con el diablo y deja en paz a los santos»; *ibid,* cuento CX, págs. 287-290.

ta. Además, sin el río, ¿cómo podríamos vestirnos y alimentarnos? El río lo pone todo en común y de su trabajo, realizado bajo un sol ardiente, no pide más recompensa que el permiso de marcharse, después de haber despachado todas sus obligaciones con premura y solicitud.

Cuando luego con su energía el río ha hecho girar rápidamente todas las ruedas, genera espuma y parece que se hubiera molido a sí mismo y estuviera más cansado. Luego entra en la curtiduría, donde dedica sus cuidados y su trabajo a la preparación del material necesario para los calzados de los monjes. Después se divide en muchos pequeños riachuelos, y en su carrera afanosa pasa a través de varios compartimientos, llegando a donde sus servicios son requeridos con los fines más diversos: para cocinar, para hacer girar engranajes, para triturar, regar, lavar, moler, ablandar, siempre ofreciendo de buen grado sus servicios. Por último, para merecerse completamente los agradecimientos y para no dejar nada incompleto, transporta consigo los desechos y lo deja todo limpio.[21]

21. «Intromissus vero quantum murus, portarii vice, permisit, primum in molendinum impetum facit, ubi multum sollicitus est, et turbatur erga plurima, tum molarum mole far comminuendo, tum farinam cribro subtili segregando a furfure. Hic iam vicina domo caldariam implet, se igni coquendum committit, ut fratribus potum paret, si forte sterilis vindemia cultoris industriae non bene responderit, et defectu sanguinis uvae, de filia fuerit festucae supplendus. Sed nec sic se absolvit. Eum enim ad se fullones invitant, qui sunt molendino confines, rationis jure exigentes, ut sicut in molendino sollicitus est, quo fratres vescantur, ita apud eos paret, quo et vestiantur. Ille autem non contradicit nec quidquam eorum negat quae petuntur: sed graves illos, sive pistillos, sive malleos dicere mavis, vel certe pedes ligneos (nam hoc nomen saltuoso fullonum negotio magis videtur congruere) alternatim elevans quoque deponens, gravi labore fullones absolvit: et si joculare quidpiam licet interserere seriis, peccati eorum poenas absolvit [...]. Nam quot equorum dorsa frangeret, quot hominum fatigaret brachia labor, a quo nos sine labore amnis ille gratiosus absolvit, etiam cum sine ipso nec indumentum nobis pararetur, nec alimentum? Ipse vero nobiscum participatur, nec aliud de labore suo, quo laborat sub sole, mercedis exspectat, quam ut, cum omnia diligenter perfecerit, liber permittetur abire. Tot ergo volubiles rotas rotatu rapido circumducens, sic spumeus exit, ut ipse quasi moli, et mollior fieri videatur. Excipitur dehinc a domo coriaria, ubi conficiendis his quae ad fratrum calceamenta sunt necessaria, operosam exhibet sedulitatem. Deinde minutatim se, et per membra multa distribuens, singulas officinas, officioso discursu perscrutatur, ubique diligenter inquirens quid quo ipsius ministerio opus habeat; coquendis, cribandis, vertendis, terendis, rigandis, lavandis, molendis, molliendis, suum sine contradictione praestans obsequium. Postremo, ne quid ei desit ad ullam gratiam, et ne ipsius quaquaversum imperfecta sint opera, asportans immunditias, omnia post se munda relinquit»: Bernardi, *Descriptio monasterii Clarae vallis*, Migne, Patrologia Latina, CLXXXV, col. 570-571. El pasaje está reproducido, en traducción (de la cual me he apartado un poco), en *Storia della tecnologia*, a cargo de C. Singer y otros, vol. II, Turín, Boringhieri, 1962, pág. 660.

Lagares, aserraderos, batanes para las telas, molinos de papel y de harina animan las periferias de las ciudades de los siglos XIII y XIV, aquellas que tenían la fortuna de estar situadas junto a un curso de agua. También los romanos conocían los molinos de agua, pero no los aprovechaban: no sólo porque el trabajo de los esclavos hacía inútil el recurso a formas alternativas de energía, sino sobre todo porque la mentalidad antigua despreciaba el trabajo manual por considerarlo propio de esclavos. Por eso nunca pensó en aplicar sus invenciones a la realidad práctica.[22] Los griegos, por ejemplo, habían descubierto la fuerza del vapor (nuestros primeros trenes eran tirados por locomotoras de vapor), pero sólo la usaron para jugar, para asombrar a la gente. En la Edad Media, por el contrario, el cambio de las condiciones históricas y culturales —aunque sea lentamente, el producto artístico fue valorado como una obra de ingenio y no sólo como fruto de la simple manualidad— permitieron comprender plenamente la utilidad y el amplio abanico de empleo del molino. Donde había mucho viento, el aire sustituyó al agua como fuerza motora: a partir del siglo XII aparecieron los primeros molinos de viento, con el cuerpo central giratorio para secundar la dirección del viento, que hacen aún hoy tan pintoresco el paisaje holandés, aunque ahora las grandes palas sólo giren para alegría de los turistas (fig. 91).

22. Se ha calculado que dos esclavos con un molino producían en una hora siete kilos de harina, mientras que un molino de agua produce en el mismo tiempo cientocincuenta kilos: Gimpel, *La révolution, op. cit.*, pag. 14; sobre los diversos tipos de molinos, *ibid*, pág. 9-32.

Capítulo 5

Para hacer la guerra

CON LA LANZA EN RISTRE

Los molinos, que representaban para quien los poseía un importante recurso económico, también eran fuente de infinitas disputas, por ejemplo, por el pago del canon de alquiler, que no siempre era correspondido en dinero. Por un documento de 1249, conservado en el Archivo de Estado de Siena, nos enteramos de que un tal Pietro Ingilese poseía desde hacía más de diez años la sexta parte de un molino de la Abadía de san Salvador del monte Amiata sin pagar el relativo canon «de dos herraduras de caballo».[1]

Durante toda la Edad Media el hierro fue un metal preciadísimo que atesorar: no por nada la azada o la reja del arado eran habitualmente de madera con la punta reforzada en hierro.

Es famosa la página que describe el desconsuelo del rey Desiderio y de los longobardos asediados en Pavía en 773 al ver de pronto «los

1. «Que sexta pars dicti molendini fuit Ranucci Boniçi mungnarii, de quo debet annuatim prestari sive solvi ipsi abbati et monasterio pro pensione duo ferra equorum.» («Y por esta sexta parte de dicho molino, de la que Ranuccio di Bonizo fue molinero, se deben pagar anualmente al abad y al monasterio dos herraduras como canon.»). El documento está publicado en *Testimonianze medioevali per la storia dei comuni del Monte Amiata*, a cargo de N. Barbieri y O. Redon, Roma, Viella, 1989, págs. 48-49.

campos erizados de mieses férreas» («segetem campis inhorrescere ferream») porque desfilaba el ejército de Carlomagno:

> Y entonces vieron al férreo Carlos, crestado con un yelmo de hierro, en los brazos mangas de hierro, el férreo pecho y los hombros protegidos por una coraza de hierro, una lanza de hierro levantada con la izquierda. En efecto, la derecha estaba siempre tendida hacia la invicta espada. La parte externa de los muslos, que los demás llevan sin coraza para subir más fácilmente al caballo, en él estaba protegida por láminas de hierro. También su caballo por el ánimo y el color resplandecía como el hierro. Y todos los que lo precedían, lo flanqueaban o lo seguían imitaban, según sus posibilidades, el mismo armamento. El hierro llenaba los campos y las llanuras. Los rayos del sol se reflejaban en la fila de hierro. Ante el frío hierro se inclinaba el pueblo, vuelto aún más frío por el terror. Y resonaba el confuso clamor de los ciudadanos: «¡Oh, el hierro! ¡Ay de mí, el hierro!».[2]

Un hombre armado con espada y lanza, firmemente apoyado en los estribos, es invencible contra un adversario a pie, porque tiene una fuerza de choque arrolladora, dado que con los estribos forman una unidad con su caballo. Precisamente en tiempos de Carlomagno se había difundido esta importantísima innovación técnica de origen oriental, que revolucionó el sistema de combate, dado que los caballos se volvieron esenciales. El estribo, desconocido por los romanos —de aquí el escaso empleo de la caballería en la guerra— era usado por los ávaros: el enfrentamiento con los pueblos de las estepas contribuyó a su difu-

---

2. «Tunc visus est ipse ferreus Karolus, ferrea galea cristatus, ferreis manicis armillatus, ferrea torace ferreum pectus humerosque Platonicos tutatus, hasta ferrea in altum subrecta sinistram impletus. Nam dextra ad invictum calibem semper era extenta; coxarum exteriora, que propter faciliorem ascensum in aliis solent lorica nudari, in eo ferreis ambiebantur bratteolis. De ocreis quid dicam? Quae et cuncto exercitui solebant ferreae semper esse usui. In clipeo nihil apparuit nisi ferrum. Caballus quoque illius animo et colore ferrum renitebat. Quem habitum cuncti praecedentes, universi ex lateribus ambientes omnesque sequentes et totus in commune apparatus iuxta possibilitatem erat imitatus. Ferrum campos et plateas replebat. Solis radii reverberabantur acie ferri. Frigido ferro honor a frigidiori deferebatur populo. Splendidissimum ferrum horror expalluit cloacarum. "O ferrum, heu ferrum!" clamor confusus insonuit civium»: Notkeri Balbuli, *Gesta Karoli Magni Imperatoris*, en Monumenta Germaniae Historica, *Scriptores rerum Germanicarum nova series*, t. XII, a cargo de F. Haefele, Berolini, 1959, 1, II, 17, págs. 83-84.

sión primero en el Imperio bizantino y luego en Occidente.[3] En latín clásico el término para indicar el caballo es «equus», término que en la alta Edad Media es suplantado por «caballus». El edicto del rey longo-bardo Rotario, de 643, dedica muchísimo espacio al «caballus», pre-viendo una casuística minuciosísima que concierne también a los arreos del animal: para un pueblo nómada el corcel es un elemento muy pre-cioso.[4]

En el famoso altar de oro y de plata en San Ambrosio, en Milán, en-cargado al gran Volvinio por Angilberto II, obispo de la ciudad de 824 a 859, san Ambrosio está representado dos veces a caballo con los pies firmemente insertados en el estribo, primero como prefecto imperial en Emilia y en Liguria, luego en fuga de Milán, pero reclamado por la mano divina mientras intentaba sustraerse a la aclamación popular que lo quería nombrar obispo (fig. 92).[5] En la primera de las dos escenas el artista ha marcado con gran cuidado también las espuelas.

Un nuevo progreso resultó decisivo para el empleo del caballo y para su estabilidad: los cascos fueron protegidos por un hierro clavado di-rectamente en la gruesa uña del pie. Desde el siglo XI, los animales son siempre protegidos por el zapato de hierro, en condiciones de afrontar los terrenos más irregulares y accidentados. Recordemos que Ricar-do I, con vistas a la Cruzada, ¡pidió que se forjaran cincuenta mil he-rraduras![6]

Como hemos visto, Carlomagno llevaba «una lanza de hierro le-vantada con la izquierda», listo para lanzarla como si fuera una jabali-na. Fueron los normandos, en el siglo XI, los que adoptaron una técni-ca nueva: mantenían la lanza apretada al cuerpo, debajo de la axila, con el brazo plegado para estabilizar el arma, y partían hacia el enfrenta-

3. Para una primera orientación bibliográfica, véase la entrada *Cavalleria, arma di*, en *Dizionario enciclopedico del Medioevo*, dirigido por A. Vauchez, ed. italiana a cargo de C. Leonardi, Città Nuova-Cerf-J. Clarke, París, Roma, Cambridge, 1998, vol. I, págs. 368-369.

4. Para una edición del texto, con traducción italiana, véase: *Le leggi dei longo-bardi. Storia, memoria e diritto di un popolo germanico*, a cargo de C. Azzara y S. Gas-parri, Milán, Editrice La Storia, 1992.

5. S. Bandera, *L'altare di Sant'Ambrogio: indagine storico-artistica*, en *L'altare d'o-ro di Sant'Ambrogio*, a cargo de C. Capponi, Milán, Banca Agricola Milanese, 1996, págs. 73-111.

6. Gimpel, *La révolution, op. cit.*, pág. 38.

miento frontal, aprovechando plenamente tanto la estabilidad sobre el caballo asegurada por el estribo como la fuerza de choque recogida al término del impulso al galope (fig. 93). En los siglos siguientes hubo otro perfeccionamiento: la culata de la lanza fue bloqueada en el «ristre», un hierro aplicado en la parte derecha del pecho de la coraza. Partían, pues, «lanza en ristre», «de espuela forjada», y con los caballos bien «herrados». ¡Ay!, si «perdían los estribos»: expresiones que con significado traslaticio aún hoy forman parte de nuestro lenguaje cotidiano.

PAÑOS DE COLORES

Los combatientes se enfrentaban entre un ondear de banderas adornadas con figuras simbólicas. La bandera nació de la necesidad de distinguir a una cierta distancia los diversos grupos y de ofrecer a quien se encontraba perdido, quizá lejos de sus compañeros, un lugar donde reencontrarse. «Como enseña para otra gente suele ponerse el nombre en las banderas, las armas y los escudos. Por lo cual muchas armas tienen también letras. Como la del senado de Roma, que dice: S. P. Q. R., es decir, *Senatus Populusque Romanus* y esa arma y ese signo es muy conocido», predicaba nuestro Giordano da Pisa, que tenía delante de los ojos sobre todo escenas de crucifixiones.[7] También la Iglesia recurría a las banderas, por ejemplo, en las procesiones, donde flameaban los hermosos paños de colores con las imágenes de Jesús o de los santos.

La bandera, del latín *banda*, «venda», es recordada ya en el siglo IX por Pablo Diácono:[8] el longobardo Tato, para sancionar su triunfo sobre los hérulos, se apodera de la bandera («vexillum quod bandum appellant») de su rey, Rodolfo, muerto en la batalla. También en el mundo municipal el alcalde tenía como enseña la bandera, mientras que el Municipio en su conjunto tenía como enseña el «estandarte». Más tarde también el Jefe del pueblo tuvo su «gonfalón». En la guerra varias banderas, entre otras el estandarte del Municipio, flameaban sobre el

---

7. Giordano da Pisa, *Prediche inedite... recitate in Firenze dal 1302 a 1305*, a cargo de E. Narducci, G. Romagnoli, Bolonia, 1867, sermón XXIX de 1305, pág. 154.

8. *Historia Langobardorum*, I, 20, ed. cit., págs. 40-41.

carro de guerra, un gran carro usado en la batalla, de cuatro ruedas, tirado por bueyes que llevaban las enseñas del Municipio (fig. 94). Sobre el carro estaban una campana (la «martinella»)[9] que sonaba al inicio de la batalla, los estandartes ciudadanos, los trompeteros que ordenaban las marchas y las paradas, y un altar para decir la misa. El carro servía como punto de referencia durante el combate y de momentáneo refugio para los heridos. Era defendido por escuadras selectas, porque la pérdida del carro de guerra era considerada un daño gravísimo y a menudo el inicio de la derrota. Federico II, después de la batalla de Cortenuova, en 1237, en la que obtuvo una aplastante victoria sobre Milán, se adueñó del carro de guerra que envió a Roma para que fuera expuesto en el Capitolio. Aún permanece el orgulloso epígrafe que lo presentaba:

Oh Roma, he aquí el carro del augusto César, Federico II, perpetuo ornamento de la Urbe. Capturado durante la derrota de Milán, viene aquí como fúlgida presa para narrar los triunfos de tu César. Aquí estará, para escarnio del enemigo. Te ha sido enviado para gloria de la Urbe: es el amor por Roma el que nos convenció de enviarlo.[10]

Una miniatura de las *Crónicas* de Giovanni Sercambi confía al lenguaje de las banderas los cambios políticos producidos en la ciudad de Lucca, de 1313 a 1333 (fig. 95). La leyenda dice: «Cómo Lucca perdió su libertad y los estados que cambió».[11] En las torres, pegados los unos a los otros, flamean los estandartes de los vencedores, una floresta de paños de colores cuyos emblemas cuentan la sucesión de los distintos

9. La «martinella» era una campana llamada así por san Martín, el protector de los caballeros. En Florencia, ante la inminencia de una guerra, primero se elevaba la martinella sobre el arco de Porta Santa Maria y luego se la hacía sonar, en el momento de la partida de las tropas, izada sobre el carro de guerra.

10. «Cesaris Augusti Friderici Roma secundi dona tene currum perpes in urbe decus. Hic Mediolani captus de strage triumphos Cesaris ut referat inclita preda venit, hostis in opprobrium pendebit. In urbis honorem mictitur: hunc urbis mictere iussit amor.» El epígrafe se encuentra en Roma, en la Sala del Carroccio del Palazzo Senatorio. El texto latino, con graves errores de transcripción y sin traducción, se puede leer en la ficha correspondiente al epígrafe en: *Federico II e l'Italia* (Mostra a Palazzo Venezia, Roma, 1995-1996), Roma, De Luca-Editalia, 1995, págs. 336-337.

11. G. Sercambi, *Croniche*, a cargo de S. Bongi, Lucca, Tipografia Giusti, 1892, vol. I, págs. 84-86.

«señores» de Lucca. Un anillo de las mismas banderas puestas hacia abajo a lo largo de los muros torreados escande, en cambio, las derrotas de esos mismos señores en un rápido paso de mano del poder.[12] A partir de la izquierda, los emblemas de los victoriosos pertenecen a: Piero Rossi da Parma, Mastino della Scala, Giovanni di Bohemia y su hijo Carlo, Castruccio Castracani, Carlo, hijo de Giovanni di Bohemia, Gherardino Spinola, Marco Visconti da Milano, los hijos de Castruccio Castracani, Ranieri di Donoratico (en el campanario lejano la pequeña bandera blanco-roja de Lucca). La última bandera victoriosa —por el momento— es la del Municipio de Pisa, que no se refleja en la homónima con el asta hacia abajo.[13]

UN TRUENO DE LA TIERRA: LA PÓLVORA

En el siglo XIV la agitada vida de las ciudades medievales, siempre dispuestas a hacerse la guerra, debió ajustar las cuentas con otra invención, terrible: la pólvora, una mezcla de carbón, salitre y azufre. Francesco Petrarca reflexionaba desconsolado:

> No bastaba con que tronase desde el cielo la ira de Dios inmortal, era necesario que el homúnculo (¡cuando la crueldad se alía con la soberbia!) tronase también desde la Tierra: la locura humana ha imitado el inimitable rayo (como dice Virgilio), y lo que por la naturaleza desciende de las nubes ahora sale de un instrumento infernal que, según algunos, sería invención de Arquímedes, en los tiempos en que Marcelo asediaba Siracusa. Pero el medio que él ideó para garantizar la libertad de sus conciudadanos, para alejar la ruina de su patria, o al menos retrasarla, vosotros lo empleáis para oprimir con el yugo o con masacres a los pueblos libres.

12. Id., *Le illustrazioni delle croniche nel codice lucchese di Giovanni Sercambi*, a cargo de O. Banti, M. L. Testi-Cristiani, Génova, S. Basile editore, 1978, 2 vol., vol. II, fig. 22.
13. En los capítulos CCXIX-CCXXXIV de la citada edición de Bongi, vol. I, págs. 191-198, se ven los distintos señores de Lucca, con la remisión al emblema correspondiente. El miniaturista ha querido señalar también acontecimientos mínimos que cambiaban, por poco tiempo, la situación de poder alcanzada. Por eso, el amontonamiento de las banderas de Castruccio Castracani y de sus hijos refleja las violentas luchas entre los miembros de la familia. Agradezco a Ottavio Banti esta observación, así como haber verificado la exactitud de los emblemas identificados.

Hasta hace poco esta peste era aún rara, hasta el punto de que se la contemplaba con sumo estupor. Hoy, puesto que el ánimo del hombre se acostumbra fácilmente a las peores amarguras, es tan común como cualquier otro tipo de armamento.[14]

El caballero, noble y valeroso, que había dedicado la vida a un largo entrenamiento para manejar la lanza y la espada, y dominar el corcel, de pronto podía ser rematado no por un igual, sino por un hombre de ínfima extracción, de constitución física débil, ignorante de las tácticas de la guerra, carente de cualquier ideología caballeresca, siempre que tuviera entre las manos un arcabuz. ¡Éste abría golpeado desde lejos, de manera solapada, no en el leal enfrentamiento cuerpo a cuerpo! Fue una revolución mental difícilmente aceptable si aún a comienzos del siglo XVII Miguel de Cervantes ponía en boca de don Quijote de la Mancha:

> Bien hayan aquellos benditos siglos que carecieron de la espantable furia de aquestos endemoniados instrumentos de la artillería, a cuyo inventor tengo para mí que en el infierno se le está dando el premio de su diabólica invención, con la cual dio causa que un infame y cobarde brazo quite la vida a un valeroso caballero, y que, sin saber cómo o por dónde, en la mitad del coraje y brío que enciende y anima a los valientes pechos, llega una desmandada bala, disparada de quien quizá huyó y se espantó del resplandor que hizo el fuego al disparar de la maldita máquina y corta y acaba en un instante los pensamientos y vida de quien la merecía gozar luengos siglos. Y así, considerando esto, estoy por decir que en el alma me pesa de haber tomado este ejercicio de caballero andante en edad tan detestable como es esta en que ahora vivimos; porque aunque a mí ningún peligro me pone miedo, todavía me pone recelo pensar

14. F. Petrarca, *De remediis utriusque fortunae*, en *Francisci Petrarchae Opus*, Basilea, 1554, tomo I, diálogo 99, reedición anastática Nueva Jersey, Estados Unidos, Ridgewwod, 1965, pág. 102: «Non erat satis, de coelo tonantis ira Dei immortalis, homuncio, nisi (o crudelitas iuncta superbiae) de terra etiam tonuisset, non imitabile fulmen, ut Maro ait, humana rabies imitata est, et quod e nubibus mitti solet ligneo quidem, sed tartareo mittitur instrumento, quod ab Archimede inventum quidam putant, eo tempore quo Marcellus Syracusas obsidebat. Verum ille hoc ut suorum civium libertatem tueretur excogitavit, patriae excidium, vel averteret vel differret, quo vos ut liberos populos, vel iugo vel excidio praematis utimini. Erat haec pestis nuper rara, ut cum ingente miraculo cerneretur, nunc ut rerum pessimarum dóciles sunt animi, ita communis est ut unmum quodlibet genus armorum». El pasaje está citado en R. Luisi, *Scudi di pietra. I castelli e l'arte della guerra tra Medioevo e Rinascimento*, Roma-Bari, Laterza, 1996, pág. 111.

si la pólvora y el estaño me han de quitar la ocasión de hacerme famoso y conocido por el valor de mi brazo y filos de mi espada.[15]

Los arcabuces, al igual que los grandes y pequeños cañones montados sobre ruedas, eran peligrosos de manejar, se recargaban lentamente —para una gran bombarda se necesitaban dos horas para cada disparo— y eran difíciles de transportar, dado el estado de las carreteras, a menudo muy malo. También duraban muy poco, porque a menudo estallaban o se deformaban, quedando inservibles. Cada cañón debía tener la bala del diámetro apropiado porque cada artesano construía el cañón con las medidas que consideraba mejores.[16] Sin embargo, a pesar de todas estas dificultades, el resplandor del fuego y el fragor del disparo producían un terror muy eficaz, como atestigua Giovanni Villani a propósito de las artillerías inglesas en Crecy (Francia) durante la primera batalla de la guerra de los Cien años, en 1346: las bombardas «hacían tal estruendo y ruido que parecía que Dios atronase, con gran matanza de gente y caída de caballos».[17]

También la iconografía del *Triunfo de la Muerte* se actualiza con la aparición de la pólvora, como muestra el fresco de 1485 de la iglesia de los Disciplinantes en Clusone (provincia de Bérgamo). En el centro, la Muerte soberana mantiene desplegadas dos cartelas, tomadas de una loa muy difundida.

La de la izquierda dice:

> Mi nombre es Muerte
> Hiero a quien le toca en suerte;
> No hay hombre tan fuerte
> Que de mí pueda escapar

y la de la derecha:

15. Miguel de Cervantes, Don Quijote de la Mancha, parte I, cap. XXXVIII, a cargo de C. Segre y D. Moro Pini, Mondadori (Meridiani), Milán, 1983, págs. 427-428. El autor tenía motivos personales de resentimiento contra las armas de fuego: durante la batalla naval de Lepanto de 1571, había sido herido por disparos de arcabuz en el pecho y en la mano izquierda. La mano quedó inválida para siempre.

16. Luisa, *Scudi, op. cit.*, pág. 116 y sigs.

17. G. Villani, *Nuova Cronica*, Libro XIII, cap. 67, a cargo de G. Porta, Parma, Guanda-Fondazione Pietro Bembo, 1990, vol. II, pág. 454.

Yo soy la Muerte, llena de ecuanimidad,
Sólo os quiero a vosotros y no a vuestra riqueza
Y digna soy de llevar corona
Porque señoreo sobre todas las personas.

Flanquean a la Muerte dos esqueletos-ministros, mucho más pequeños que su reina. El de la izquierda acaba de lanzar tres flechas y ya tiene otras tres preparadas; el de la derecha ha apoyado sobre el hombro un arma mucho más moderna, «una escopeta de mecha o fusil de mano, como se decía entonces, hecho con una gruesa caña sujeta al afuste o tablero de tres aros»[18] (fig. 96). La idea de la imprevisibilidad de nuestro fin, que ninguna habilidad individual, valor o nobleza de sangre está en condiciones de contrariar está eficazmente expresada por el arcabuz que troncha sin respeto (por edad o rango) a sus víctimas, mucho más veloz que el *equus palidus*, el corcel apocalíptico en que avanzaba la Muerte.

EL CABALLO, UN FORMIDABLE RECURSO ENERGÉTICO

En la Edad Media el caballo no fue sólo un portador de duelo utilizado en la guerra. Tuvo también un uso pacífico muy importante, hasta el punto de sumarse al agua como una de las principales fuerzas motrices: incluso hoy la potencia de una máquina se expresa en «caballos».

Con el mismo sistema usado para los bueyes,[19] los romanos uncían el caballo, que tiene una anatomía distinta: obligado a tirar con el cuello por medio de una correa de cuero blando, no conseguía arrastrar una carga pesada, porque el esfuerzo lo habría ahogado.

18. A. Frugoni, *I temi della Morte nell'afresco dei Disciplini a Clusone*, en «Bulletino Storico Italiano per il Medioevo», LXIX (1957), págs. 1-38, reeditado en *Incontri nel Medio Evo*, Bolonia, Il Mulino, 1979, págs. 217-250, 222. Esta arma es una cita concreta de las guerras de entonces, dado que los escopeteros eran empleados junto con los arqueros y los ballesteros como elemento auxiliar de la infantería pesada de los piqueros. Sobre las inscripciones de este *Trionfo*: C. Ciociola, *«Visibile parlare»: agenda*, Cassino, Università degli Studi di Cassino, 1992, págs. 102 y sigs.
19. El yugo en los bueyes está apoyado en la cruz, una especie de pequeño hundimiento entre la nuca y el lomo, y mantenido en posición por una correa bajo el cuello. El esfuerzo se ejerce sobre la cruz.

En la Edad Media un examen atento de la anatomía del animal lle-vó a la introducción del «collar de cruz». De este modo se cambió ra-dicalmente la tracción, multiplicando de manera impensable (¡se ha calculado que incluso triplicándola!) la fuerza. El nuevo collar, intro-ducido en el año mil y aún en uso, es rígido y acolchado, llamado «de cruz» porque está fijado en torno al pecho y ya no alrededor de la gar-ganta. De este modo, el caballo puede tirar fácilmente del arado o de cargas pesadas. Otro descubrimiento medieval fue el de unir los caba-llos uno tras otro, en fila: de este modo cada animal añadía su fuerza de arrastre a la del primer caballo sujeto al carro[20] (fig. 97).

20. Sobre el «collar de cruz», véase Gimpel, *La révolution, op. cit.*, pág. 55.

Capítulo 6

Por tierra y por mar

La carretilla, la hermanita del carro

Para transportar pocas cosas en trayectos cortos se usaba un «carro» más pequeño, la carretilla: una sencilla herramienta de invención medieval para aliviar la fatiga de la tracción humana —podemos pensar que los romanos no eran muy sensibles a la fatiga de los esclavos— ya documentada en el siglo XIII en una miniatura de una hermosa Biblia, en la letra capital I («In diebus Cyri regis Persarum...», del primer libro de Esdras, 1, 1.[1] La miniatura representa la reconstrucción del templo de Jerusalén, querida por el rey Ciro. A los pies del edificio en construcción un joven albañil, como si posara orgulloso de su nuevo instrumento, se apoya en una carretilla en equilibrio, llena de ladrillos (fig. 98).

En el fresco del castillo de la Manta una pequeña escena representa un momento de pausa y tiene por protagonista la carretilla: está provista de varales de parada y de una especie de respaldo para aumentar la carga (fig. 99). La mujer que debería realizar el transporte está concentrada en saciar su sed, despreocupada de las amenazas del hombre

1. La Vulgata dice: «In anno primo Cyri regis Persarum». Para un comentario de esta miniatura: F. Garnier, *L'âne à la lyre, Sottisier d'iconographie médiévalo*, París, Le Léopard d'or, 1988, págs. 161-162, fig. en pág. 163.

paralizado, quizá su marido, que, apoyado en un cojín y con el bastón en la mano, la incita a apresurarse hacia la Fuente de la juventud. El pintor ha añadido un diálogo. Exclama el viejo: «Se tu ne laises la botegla je te dunray desus l'oregla» («Si no dejas la botella, te pegaré en la oreja»). La mujer responde, burlona: «Ia ne sera de ma bocha ostea si sera ma goria bien arossea» («No apartaré la botella de la boca hasta que no haya saciado bien la garganta»).[2]

FLAVIO GIOIA, EL INVENTOR, INEXISTENTE, DE LA BRÚJULA

En la Edad Media el transporte terrestre, a pie o a caballo, era muy lento y en cuanto era posible se prefería viajar por el agua. Para orientarse en la navegación estaba la brújula. De ella habla el siempre informado Giordano da Pisa:

> Digo antes que la fe te orienta como la estrella, que orienta a los navegantes, que oteando la señal, se orientan con ella, de donde ella es el imán. El imán parece una vil piedra, pero es carísimo, y sería mejor que se perdiera la piedra de la esmeralda que ella: hasta tal punto es útil y necesaria, que sin el imán no se podría hacer, ella orienta y muestra derecho la señal.[3]

También Dante tiene presente la aguja imantada que se dirige hacia la estrella polar: «Del seno de una de las luces nuevas / una voz se movió; y, cual la aguja / que vira hacia la estrella, entré en su área», y Giovanni da Buti, comentando estos versos en torno a 1390, explica:

---

2. M. Piccat, *Le scritte in volgare della Fontana di Giovinezza, dei prodi e delle eroine*, en *Le Arti della Manta, il Castello e l'Antica Parrocchiale*, a cargo de G. Carità, D. Musso, Turín, Galatea, 1992, págs. 175-209. Sin embargo, el autor interpreta (*ibid*, pág. 183) como un siervo la figura que bebe de la botella. Por el traje se trata, en cambio, sin duda, de una mujer. La historia hace de exacto *pendant* a la escena de seducción entre un caballero y una muchacha, escena representada en la misma pared. Ésta es una observación de Maria Luisa Meneghetti, que analiza las inscripciones, pero sigue siendo dudoso si quien empuja la carretilla es un siervo o una sierva: «*Sublimis*» e «*humilis: due stili di scrittura*, en «*Visibile parlare*». *Le scritture esposte nei volgari italiani dal Medioevo al Rinascimento*, a cargo de C. Ciociola, Nápoles, Edizioni Scientifiche Italiane, 1997, págs. 397-408, pág. 405.

3. Giordano da Pisa, *Prediche*, a cargo de D. M. Manni, *op. cit.*, sermón del 26 de marzo de 1305, pág. 242.

Los navegantes tienen una brújula en el medio de la cual está emper-
nada una ruedecilla de papel, que gira sobre dicho perno. Dicha ruedecilla tiene muchas puntas, en una de las cuales está pintada una estrella, donde está clavada una punta de aguja, la cual apuntan los navegantes cuando
quieren ver dónde está tramontana, volviéndose locos con el imán.[4]

Brújula deriva de *buxus* (boj) y de *buxula* (cajita): la brújula era originariamente una pequeña cajita de madera de boj. Fueron los marineros
de la ciudad de Amalfi, entre 1100 y 1200, quienes la difundieron por el
Mediterráneo en sus viajes hacia Siria y Egipto durante las cruzadas.

El historiador Flavio Biondo, hacia mediados del siglo XV, había
hablado de la brújula inventada y perfeccionada por los amalfitanos.[5]
El filólogo boloñés Giambattista Pio, en 1511, reprodujo la noticia de
este modo: «En Amalfi, en Campania, se inventó el uso del imán, se dice
que por Flavio» («Amalphi in Campania veteri magnetis usus inventus
a Flavio traditur»). El escritor quería decir: «Flavio lo dice», poniendo
una coma después de «inventus». En cambio, quien reprodujo posteriormente la noticia desplazó la coma, modificando radicalmente el
significado: «En Amalfi, en Campania, se dice que el uso del imán fue
inventado por Flavio», queriendo decir que Flavio había inventado la
brújula. Según la extravagancia de un historiador napolitano, Scipione
Mazzella, Flavio habría nacido en Gioia (Apulia), pero habría inventado la brújula en Amalfi (Campania).

En Amalfi, hasta no hace muchos años, había un monumento a Flavio Gioia, «el inventor de la brújula», que en realidad nunca existió,
¡nacido por el error de una coma!

LA INVENCIÓN DEL TIMÓN, PAPÁ NOEL Y LA SIRENA

En el siglo XIII se inventó el timón giratorio, fijado a la popa de la
nave con una sólida bisagra de hierro y con la barra horizontal firme-

---

4. Forti, *Storia della tecnica*, *op. cit.*, pág. 346.
5. «Fama est qua Amalphitanos audivimus gloriari, magnetis usum, cuius adminí-
culo navigantes ad arcton diriguntur, Amalfi fuisse inventum»: Forti, *Storia della tecnica, op. cit.*, pág. 340.

mente encajada en la cabeza del timón mismo (antes, como timón, se usaba un simple remo, incapaz de resistir las olas cuando el mar estaba muy agitado). Vemos un ejemplo en la pintura de Gentile da Fabriano de 1425 (fig. 100). El mar es tempestuoso y el naufragio, inminente. El timonel, a diferencia de los compañeros que aún intentan afrontar el desastre arrojando parte de la preciosa carga al mar, ha abandonado el timón y se dirige, juntando las manos, a san Nicolás, que acude del cielo con una tea encendida, como un tranquilizador faro. Entre las olas una sirena de largos cabellos rubios mira asombrada al santo: una sirena-pez, la nueva sirena que en la Edad Media sustituyó, manteniendo toda su peligrosa atracción, a la sirena-pájaro de la Antigüedad clásica.

San Nicolás, obispo de Mira, trasladado luego a Bari, vivió según la tradición en el siglo IV, y fue considerado el santo protector de los niños, a los que benefició en muchas circunstancias. Resucitó a tres chiquillos a los que un mesonero malvado había incluso puesto en salmuera. Con el obsequio de tres palas de oro impidió que tres niñas fueran iniciadas en la prostitución. En la Edad Media, en Flandes, en Lorena y en los Países Bajos, el 6 de diciembre, fiesta de san Nicolás, un niño con barba blanca y disfrazado de obispo daba vueltas llevando regalos para los niños buenos, mientras que «papá Látigo», con una vara en la mano, estaba listo para castigar a los desobedientes. El nombre holandés del santo, Sinter Klass ([Ni]klass), fue importado a América por los inmigrantes, convirtiéndose en Santa Claus.

Papá Noel es lo que queda de san Nicolás, o mejor, quedaba, antes de la última transformación obrada por la propaganda de la Coca-Cola, que lo quiso con casaca y pantalones rojos (ya no con el traje largo, «de obispo»), gordo y risueño, como pueden ser los americanos.[6] Después de tantas invenciones concretas, me agrada acabar con la sirena-ondina y Papá Noel-Nicolás, nacidos en el mundo de la fantasía medieval. Dieron forma a la emoción y a los miedos de los mayores, a la emoción y a los deseos de los pequeños. Hoy hacen soñar a los niños y sonreír a los adultos que los escuchan.

6. C. Lévi-Strauss, *Babbo Natale giustiziato*, Palermo, Sellerio, 1995 (1952).

Bibliografía

Accame, Silvio, *L'istituzione dell'Eucaristia: Ricerca storica*, Nápoles, Libreria Scientifica, 1968.

Albertotti, Giuseppe, «Lettera intorno alla invenzione degli occhiali all'onorevole senatore Isidoro Del Lungo», *Annali di Ottalmologia e clinica oculistica*, vol. L, 1922, fasc. 1-2, págs. 85-104.

—,«Note critiche e bibliografiche riguardanti la storia degli occhiali», *Annali di Ottalmologia e clinica oculistica*, vol. XLIII, 1914, págs. 328-356.

Arnaldi, Girolamo, *Le Origini dell'università*, Bolonia, Il Mulino, 1974.

Bandera, Sandrina, «L'altare di Sant'Ambrogio: indagine storico-artistica», en Carlo Capponi (comp.), *L'altare d'oro di Sant'Ambrogio*, Milán, Banca Agricola Milanese, 1996.

Barezzani, Maria Teresa Rosa, «Guido musicus et magister», en Graziella de Florentis (comp.), *Guido Monaco, magister et musicus*, Milán, Comune di Talla-Nuove Edizioni, 2000, págs. 71-93.

Bartoli-Langeli, Attilio, *La scrittura dell'italiano*, Bolonia, Il Mulino, 2000.

—,«I notai e i numeri (con un caso perugino, 1184-1206)», en Paolo Freguglia, Luigi Pellegrini y Roberto Paciocco (comps.), *Scienze matematiche e insegnamento in epoca medioevale*, Atti del Convegno internazionale di studio, Chieti, 2-4 de mayo de 1996, Nápoles, Edizioni Scientifiche Italiane, 2000, págs. 227-254.

Battaglia (La) di Quaresima e Carnevale, al cuidado de Margherita Lecco, Parma, Pratiche, 1990, págs. 57-58.

Bedini, Silvio, «Maddison Francis, Mechanical Universe: The Astrarium of Giovanni de Dondi», *Transactions of the American Philosophical Society*, vol. LVI, 1966, págs. 6-20.

Bellinati, Claudio, *Atlante della Cappella degli Scrovegni*, Ponzano-Treviso, Vianelli Libri, 2000.

Benporat, Claudio, *Cucina italiana del Quattrocento*, Florencia, Olschki, 1996.

Bernardi, «Descriptio monasterii Clarae vallis», en J. P. Migne, *Patrologia Latina*, vol. CLXXXV, col. 570-571.

Bernardino de Siena, *Le prediche volgari*, publicadas por el padre Ciro Cannarozzi O.F.M., *Predicazione del 1425 in Siena*, vol. I, Florencia, Rinaldi, 1958.

Bidault, R., «Deux miniatures du Moyen-Age intéressant l'ophtalmologie», *Aesculape*, vol. IV, 1937, págs. 117-119.

Bischoff, Bernhard, *Paleografia latina: Antichità e Medioevo*, Padua, Antenore, 1992.

Blumenkranz, Bernhard, *Le juif médieval au miroir de l'art chrétien*, París, Études Augustiniennes, 1966.

Bobis, Laurence, *Le chat: histoire et légendes*, París, Fayard, 2000.

Boccaccio, Giovanni, *Decameron*, edición de Vittore Branca, Turín, Einaudi, 1993 (trad. cast.: *Decamerón*, introducción y notas de Pilar Gómez Bedate, Barcelona, Bruguera, 1983).

Bohen, Max von, *Die Mode: Nach Bildern und Kunstwerken der Zeit ausgewählt und geschildert*, Munich, Bruckmann, 1907.

Briquet, Charles Moise, *Les Filigranes, dictionnaire historique des marques du papier dès leur apparition vers 1282 jusqu'en 1600*, facsímil de la edición de 1907 con material complementario aportado por varios eruditos, edición de Allan Stevenson, Ámsterdam, The Paper Pubblication Society, 1968.

Brown, Peter, Evelyne Patlagean, Michel Rouche, Yvon Thébert y Paul Veyne, *La vita privata dall'impero romano all'anno Mille*, Roma-Bari, Laterza, 1987.

Cahn, Walter, *La bible romane*, Friburgo (Suiza), Office du Livre, 1982.

Callisen, Sterling Adolph, «The Evil Eye in Italian Art», *Art Bulletin*, vol. XIX, 1937, págs. 452-462.

Capitolari delle Arti Veneziane, edición de Giovanni Monticolo y Enrico Besta, vol. III, Istituto Storico Italiano per il Medio Evo (Fonti della Storia d'Italia), Roma, 1914.

Caro Baroja, Julio, *Il carnevale*, Génova, Il Melangolo, 1989 (orig. cast.: *El carnaval*, Madrid, Taurus, 1989).

Casagrande, Carla y Silvana Vecchio, *I sette vizi capitali: Storia dei peccati nel Medioevo*, Turín, Einaudi, 2000.

Castelnuovo, Enrico, *Vetrate medioevali: Officine, tecniche, maestri*, Turín, Einaudi, 1994.

Celso, Aulo Cornelio, *De medicina*, edición de Walter George Spencer, Londres, Loeb, 1961 (trad. cast.: *Los ocho libros de medicina*, Barcelona, Iberia, 1966).

Cervantes, Miguel de, *Don Chisciotte della Mancia*, edición de Cesare Segre y Donatella Moro Pini, Milán, Mondadori (Meridiani), 1983 (orig. cast.: *Don Quijote de la Mancha*, Barcelona, Planeta, 1991).

Chiellini Nari, Monica, «Le opere di misericordia per immagini», en *La conversione alla povertà nell'Italia dei secoli XII-XIV*, actas del XXVII Convegno storico internazionale, Todi, 1990, Centro Italiano di Studi sull'Alto Medioevo, Spoleto, 1991, págs. 415-447.

Chrétien de Troyes, «Erec e Enide» (trad. cast.: *Erec y Enid*, Madrid, Siruela, 1993), en *Romanzi*, Florencia, Sansoni, 1962.

Chronica antiqua conventus Sanctae Catharinae de Pisis, edición de Francesco Bonaini, en *Archivio Storico Italiano*, vol. VI, parte 2, sec. III, 1845, págs. 399-593.

Ciociola, Claudio, *«Visibile parlare»: agenda*, Cassino, Università degli Studi di Cassino, 1992.

Cipolla, Carlo Maria, *Le macchine del tempo, l'orologio e la società (1300-1700)*, Bolonia, Il Mulino, 1981.

Cogliati Aragno, Luisa, *Tacuinum Sanitatis*, Milán, Electa Editrice, 1979.

Dante Alighieri, *La divina comedia*, prólogos y notas de Ángel J. Battistessa, Buenos Aires, Carlos Lohlé, 1972.

Daumas, Maurice, «Le faux échappement de Villard de Honnecourt», *Revue d'Histoire des Sciences*, vol. XXXV, n° 1, págs. 43-54.

Daxecker, Franz, «Representations of Eyeglasses on Gothic Winged Altars in Austria», *Documenta Ophthalmologica*, vol. XCIII, 1997, págs. 169-188.

—, «Three reading aids painted by Tomaso da Modena in the chapter house of San Nicolò Monastery in Treviso Italy», *Documenta Ophthalmologica*, vol. XCIX, 1999/2000, págs. 219-223.

Daxecker, Franz, Broucek Annemarie, «Eine Darstellung der hl. Ottilie mit Lesensteinen», *Gesnerus*, vol. LII, 1995, págs. 319-322.

De Donato, Vittorio, *Le più antiche carte dell'abbazia di S. Maria di Valdiponte (Montelabbate)*, vol. I, años 969-1170, Roma, Istituto Storico Italiano per il Medio Evo, 1962; vol. II, años 1171-1200, Roma, Istituto Storico Italiano per il Medio Evo, 1988.

De Vos, Dirk (comp.), *Hans Memling: Bruges Goenigemuseum, 1994, Catalogue*, Brujas, Ludion/Bruges Musées communaux, 1994.

Del Giudice, Giuseppe, *Una legge suntuaria inedita del 1290, commento storico-critico…: memoria letta all'Accademia Pontaniana… con note ed appendici di documenti, la maggior parte inediti*, Nápoles, Tipografia della Regia Università, 1887.

Del Lungo, Isidoro, «Le vicende d'un'impostura erudita (Salvino degli Armati)», *Archivio Storico Italiano*, vol. LXXVIII, 1920, págs. 5-53.

Dizionario enciclopedico del Medioevo, dirigido por André Vauchez, ed. it. de Claudio Leonardi, París, Roma y Cambridge, Città Nuova/Cerf/J. Clarke, 1998.

Dizionario enciclopedico universale della musica e dei musicisti, vol. II, *Il lessico*, Turín, Utet, 1983.

Donato, Maria Monica, «Un ciclo pittorico ad Asciano (Siena), palazzo pubblico e l'iconografia «politica» alla fine del Medioevo», *Annali della Scuola Normale Superiore di Pisa*, Lettere, 3ª serie, vol. XVIII, 1988, págs. 1.105-1.272 y 1.236 ss.

Eginardo, *Vita di Carlo Magno*, edición de Giovanni Bianchi, Roma, Salerno Editrice, 1980, trad. it. y texto latino.

Enciclopedia Dantesca, Roma, Treccani/Enciclopedia Italiana, 1984.

Essling, Victor Massena, *Livres à figures venitiens*, París, Olschki/H. Leclerc, 1909.

Farinelli, Leonardo, «Dalla biblioteca conventuale alla biblioteca pubblica», en Giovanni Pugliese Carratelli (comp.), *La città e la parola scritta*, Milán, Libri Scheiwiller/Credito Italiano, 1997, págs. 289-374.

Fazio degli Uberti, *Il Dittamondo e le Rime*, Bari, Laterza, 1952.

Federico II e l'Italia (Mostra a Palazzo Venezia, Roma, 1995-1996), Roma, De Luca/Editalia, 1995.

Flechon, Dominique, *L'orologiaio, mestiere d'arte*, Milán, Il Saggiatore, 1999.

Forti, Umberto, *Storia della tecnica, dal Medioevo al Rinascimento*, Milán, Sansoni, 1957.

Francisco de Asís, san, *Opuscula*, edición de Kasper Esser, Grottaferrata (Roma), Collegii S. Bonaventurae, 1978.

Frugoni, Arsenio, «I temi della Morte nell'affresco dei Disciplini a Clusone», en *Bulletino Storico Italiano per il Medioevo*, vol. LXIX, 1957, págs. 1-38, reeditado en *Incontri nel Medio Evo*, Bolonia, Il Mulino, 1979, págs. 217-250.

Frugoni, Chiara, «La figurazione bassomedioevale dell'Imago mundi», en *«Imago mundi»: la conoscenza scientifica nel pensiero bassomedioevale*,

Convegni del centro di Studi sulla spiritualità medioevale, vol. XXII, 1981, Todi, Accademia Tudertina, 1983, págs. 225-269.

—,«Le decorazioni murali come testimonianza di uno «status symbol»», en *Un palazzo, una città: il Palazzo Lanfranchi*, Pisa, Pacini, 1983, págs. 141-145.

—,(comp.), *«E vedrà ogni carne la salvezza di Dio» (Lc 3, 6): le sculture all'interno del battistero*, en *Benedetto Antelami e il battistero di Parma*, Turín, Einaudi, 1995, págs. 109-144.

—,«Das Schachspiel in der Welt des Jacobus de Cessolis», en *Das Schachbuch des Jacobus de Cessolis, Codex Palatinus Latinus 961*, vol. I, textos; vol. II, edición en facsímil, Suttgart, Belser Verlag, 1988, págs. 35-75.

—,*La donna nelle immagini, la donna immaginata*, en *La storia delle donne in Occidente, Il Medioevo*, edición de Christiane Klapish-Zuber, Roma y Bari, Laterza, 1990, págs. 424-457.

Garnier, François, *L'âne à la lyre: Sottisier d'iconographie médiévale*, París, Le Léopard d'or, 1988.

Gilson, M., «Histoire des lunettes», *Bulletin de lc Societé Belge d'Ophtalmologie*, vol. CCLXIV, n° 1, 1997, págs. 7-13.

Gimpel, Jean, *La révolution industrielle du Moyen Age*, París, Seuil, 1975 (trad. cast.: *La revolución industrial en la Edad Media*, Madrid, Taurus, 1982).

Giordano da Pisa [Giordano da Rivalto], *Prediche recitate in Firenze dal 1303 al 1306*, edición de Domenico Moreni, Florencia, Magheri, 1831.

—,*Prediche del 1304 dell'Avvento e della Quaresima*, edición de Domenico Maria Manni, Florencia, Viviani, 1739.

—,*Prediche inedite… recitate in Firenze dal 1302 al 1305*, edición de Enrico Narducci, Bolonia, G. Romagnoli, 1867.

—,*Quaresimale fiorentino, 1305-1306*, edición crítica de Carlo Delcorno, Florencia, Sansoni, 1974.

Grandi, Renzo, *I monumenti dei dottori e la scultura a Bologna (1267-1348)*, Bolonia, Comune di Bologna, Istituto per la Storia di Bologna, 1982.

Hansmann, Liselotte y Lenz Kriss-Rettenbeck, *Amulett und Talisman*, Munich, D. W. Callwey, 1966.

Herrad de Hohenburg, *Hortus deliciarum*, edición de Rosalie Green, Londres y Leiden, The Warburg Institute-Brill, 1979.

Ifrah, Georges, *Storia universale dei numeri*, Milán, Mondadori, 1983 (trad. cast.: *Historia universal de las cifras*, Madrid, Espasa-Calpe, 2002).

Isidoro de Sevilla, *Etymologiarum sive originum libri XX*, edición crítica de Wallace Martin Lindsay, Oxford, Clarendon Press, 1911 (trad. cast.: *Etimologías*, Madrid, Biblioteca de Autores Cristianos, 2004).

Jacobo de Vitriaco, *Historia occidentalis*, edición crítica de John Frederick Hinnebusch, Friburgo, The University Press, 1972.

Jacobo de Vorágine, *Legenda aurea*, presentaciones de Franco Cardini y Mario Martelli. Texto [vulgarización del siglo XIV] y notas de Arrigo Levasti, Florencia, Le Lettere, 2000 (trad. cast.: *La leyenda dorada*, Madrid, Alianza, 2008).

Keil, G., «Spongia somnifera», *Anaestesist*, vol. XXXVIII, 1989, págs. 643-648.

Klapisch-Zuber, Christiane, *L'ombre des ancêtres: Essai sur l'imaginaire médiéval de la parenté*, Fayard, París, 2000.

Koyré, Alexandre, *Dal mondo del pressappoco all'universo della precisione: Tecniche, strumenti e filosofia dal mondo clássico alla rivoluzione scientifica*, Turín, Einaudi, 1967.

Lalou, Elisabeth, «Inventaire des tablettes médiévales et présentation générale», en *Les tablettes à écrire de l'Antiquité à l'époque moderne*, edición de E. Lalou, Turnhout, Brepols, 1992, págs. 231-280, figs. 1-12.

—, «Les tablettes de cire médiévales», en *Bibliothèque de l'Ecole des Chartres*, vol. CXLVII, 1989, págs. 123-140, esp. 131.

—, (comp.), *Les Tablettes à écrire de l'Antiquité à l'époque moderne*, actas del Colloque international du Centre National de la Recherche Scientifique (París, Institut de France, 10-11 de octubre de 1990), Turnhout, Brepols, 1992.

Lane, Frederic C., *I mercanti di Venezia*, Turín, Einaudi, 1982.

Laurioux, Bruno, «Des lasagnes romaines aux vermicelles arabes: quelques réflexions sur les pâtes alimentaires au Moyen Aye», en *Mélanges Fossier*, París, Publications de la Sorbonne, 1955.

Le Goff, Jacques, *Gli intellettuali nel Medioevo* (1957), Milán, Mondadori, 1979 (trad. cast.: *Los intelectuales en la Edad Media*, Barcelona, Gedisa, 1986).

—, *Tempo della Chiesa e tempo del mercante: E altri saggi sul lavoro e la cultura nel medioevo*, Turín, Einaudi, 1977 (trad. cast.: *Tiempo, trabajo y cultura en el occidente medieval*, Madrid, Taurus, 1987).

Leggi (Le) dei longobardi: Storia, memoria e diritto di un popolo germanico, edición de Claudio Azzara e Stefano Gasparri, Milán, La Storia, 1992.

Levi Pisetzky, Rosita, *Storia del costume in Italia*, vol. I, Milán, Treccani/Enciclopedia Italiana, 1964.

Lévi-Strauss, Claude, *Babbo Natale giustiziato* (1952), Palermo, Sellerio, 1995.

Libri e lettori nel Medioevo: Guida storica e critica, edición de Guglielmo Cavallo, Roma y Bari, Laterza, 1989.

Liebenwein, Wolfgang, «Princeps Poetarum: Die mittelalterlichen Vergil-Bilder in Mantua», en *2000 Jahre Vergil: Eine Symposium*, edición de Viktor Pöschl, (Wolfenbütteler Forschungen), Wiesbaden, O. Harrassowitz, 1983, págs. 109-151, figs. 1-16.

Little, Lester K., *Religious Poverty and the Profit Economy in Medieval Europe*, Londres, Elek, 1978 (trad. cast.: *Pobreza voluntaria y economía de beneficio en la Europa medieval*, Madrid, Taurus, 1983).

Le livre au Moyen Age, edición de Jean Glenisson, París, Presses du Centre national de la recherche scientifique, 1988.

Lotario de Conti (Inocencio III), *De miseria humane condiciones*, edición de Michele Maccarrone, Lugano, Thesaurus Mundi, 1955.

Luisi, Riccardo, *Scudi di pietra: I castelli e l'arte della guerra tra Medioevo e Rinascimento*, Roma y Bari, Laterza, 1996.

Luzzati, Michele, «Una società per la fabbricazione di occhiali alla metà del Quattrocento», en *Antichità Pisane*, 1974, págs. 40-45.

Mandel, Gabriele, *I tarocchi dei Visconti*, Bérgamo, Monumenta langobardica, 1974.

Marchionne di Coppo Stefani, *Cronaca fiorentina*, edición de N. Rodolico, *Rerum Italicarum Scriptores*, vol. XXX, n° 1, Città di Castello, 1903-1913.

Meerssemann, Gilles Gérard, *Ordo fraternitatis: Confraternite e pietà dei laici nel Medioevo*, Roma, Herder, 1977.

Mehl, Jean-Michel, «Les rois de France et les cartes à jouer», *Ludica*, vol. II, 1996, págs. 211-220.

Meier, Christel, *Gemma spiritualis*, Munich, W. Fink, 1977.

Melis, Federigo, *Documenti per la storia economica dei secoli XII-XVI*, Florencia, Olschki, 1972.

—, *La banca pisana e le origini della banca moderna*, edición de Marco Spallanzani, Florencia, Le Monnier, 1987.

Menegazzi, Luigi (comp.), *Tomaso da Modena*, catálogo, Treviso, Canova, 1979.

Meneghetti, Maria Luisa, *«Sublimis» e «humilis: due stili di scrittura*, en *«Visibile parlare»: Le scritture esposte nei volgari italiani dal Medioevo al Rinascimento*, edición de Claudio Ciociola, Nápoles, Edizioni Scientifiche Italiane, 1997, págs. 397-408.

Miglio, Massimo y Orietta Rossini (comps.), *Gutenberg e Roma: Le origini della stampa nella città dei papi (1467-1477)*, Nápoles, Electa, [1997].

Molmenti, Pompeo, *La storia di Venezia nella vita privata*, Bérgamo, Istituto Italiano d'Arti Grafiche, 1906.

Montanari, Massimo, *L'alimentazione contadina nell'alto Medioevo*, Nápoles, Liguori, 1979.

Moulin, Leo, *La vita degli studenti nel Medioevo*, Milán, Jaca Book, 1992.

Mumford, Lewis, *Tecnica e cultura*, Milán, Il Saggiatore, 1961 (trad. cast.: *Técnica y civilización*, Madrid, Alianza, 2006).

Murray, Harold James Rutheven, *A History of Chess*, Oxford, Clarendon Press, 1913.

Muzzarelli, Maria Giuseppina, *Da sentimento a istituzione: L'ideazione dei Monti di pietà* en el catálogo de la muestra *Uomini, denaro, istituzioni: L'invenzione del Monte di pietà*, Bolonia, Costa, 2000, págs. 9-29.

—, *Guardaroba medievale: Vesti e società dal XIII al XVI secolo*, Bolonia, Il Mulino, 1999.

Notkeri Balbuli, «Gesta Karoli Magni Imperatoris», en F. Haefele (comp.), *Monumenta Germaniae Historica: Scriptores rerum Germanicarum nova series*, t. XII, Berolini, 1959.

Pablo el Diácono, *De gestis Langobardorum*, edición de Lidia Capo, Milán, Fondazione Lorenzo Valla/Mondadori, 1992.

[Palatino], *Libro di M. Giovambattista Palatino, cittadino Romano, nel qual s'insegna a scriver ogni sorte di lettere antica et moderna*, Roma, 1545.

Panofsky, Erwin, *Abbot Suger...*, Princeton, Princeton University Press, 1979 (trad. cast.: *El Abad Suger: sobre la abadía de Saint-Denis y sus tesoros artísticos*, Madrid, Cátedra, 2004).

—, *Early Nederlandish Painting: Its Origin and its Character*, Cambridge (Mass.), Harvard University Press, 1953.

Park, David, *The Fire within the Eye: An Historical Essay of the Nature and Meaning of Light*, Princeton, Princeton University Press, 1997.

Pastoureau, Michel, *L'échiquier de Charlemagne*, París, A. Biro, 1990.

Petrarca, Francesco, *Prose*, edición de Guido Martellotti, Pier Giorgio Ricci, Enrico Carrara y Enrico Bianchi, Milán y Nápoles, Ricciardi editore, 1955 (trad. cast.: *Prosa*, Madrid, Alfaguara, 1978).

—, «De remediis utriusque fortunae» (trad. cast.: *Remedios contra la buena y la mala suerte*, Barcelona, Península, 1999), en *Francisci Petrarchae Opus*, Basilea, 1554; reedición anastática, Ridgewood, 1965.

Pedro Damián, san, «Opera, De institutione monialis», en J. P. Migne, *Patrologia Latina*, vol. CXLV.

[Petri Damiani Epistolae], *Die Briefe des Petrus Damiani*, edición de Kurt Reindel, Munich, Monumenta Germaniae Historica, 1988.

Petrucci, Armando, *Medioevo da leggere: Guida allo studio delle testimonianze scritte del Medioevo italiano*, Einaudi, Turín, 1992.

—, «Storia e geografia delle culture scritte», en *Letteratura italiana*, edición de Alberto Asor Rosa, Turín, Einaudi, 1982-1989, vol. VII, nº 2, págs. 1.195-1.292.

Piccat, Marco, «Le scritte in volgare della Fontana di Giovinezza, dei prodi e delle eroine», en Giuseppe Carità (comp.), *Le Arti della Manta, il Castello e l'Antica Parrocchiale*, Galatea, Turín, 1992, págs. 175-209.

Pini, Antonio Ivan, «"Discere turba volens": Studenti e vita studentesca a Bologna dalle origini dello Studio alla metà del Trecento», en Gian Paolo Brizzi y Antonio Ivan Pini (comps.), *Studenti e Università degli studenti dal XII al XIX secolo*, Istituto per la Storia dell'Università, Bolonia, 1988, págs. 47-136.

Rabano Mauro, «De Universo», en J. P. Migne, *Patrologia Latina*, vol. XVI.

—,*De rerum naturis, cod. Casin. 132*, Archivo de la Abadía de Montecassino, edición de Guglielmo Cavallo; vol. 1, *Commentari*; vol. II, *Facsimile* del códice, Ivrea, Priuli e Verlucca, 1995.

Raimundo de Capua, *Vita S. Catharinae Senensis*, Antverpiae, Acta Sanctorum, 1675, Aprilis III (trad. cast.: *Vida de la seraphica sca Catherina de Sena*, Valencia, Universidad de Valencia, 1993).

Redi, Francesco, *Opere*, vol. VII, Milán, Società Tipografica dei Classici italiani, 1809-1811 (Classici italiani, vols. 169-177).

Riccetti, Lucio, «Il cantiere edile negli anni della Peste Nera», en Lucio Riccetti (comp.), *Il Duomo di Orvieto*, Roma y Bari, Laterza, 1988, págs. 139-215.

Rizzi, Alessandra, *Ludus/ludere: Giocare in Italia alla fine del Medioevo*, Treviso y Roma, Fondazione Benetton Studi Ricerche/Viella, 1995.

Rosen, Edward, «The invention of eyeglasses», *Journal of the History of Medicine and allied Sciences*, vol. XI, n° 1, 1956, págs. 13-47; vol. XI, n° 2, 1956, págs. 183-218.

Russo, Daniel, *Saint Jérôme en Italie: Étude d'iconographie et de spiritualité (XIIIe-Xve siècle)*, París y Roma, La Découverte/École Française de Rome, 1987.

Sacchetti, Franco, *Il Libro delle rime*, edición de Franca Brambilla Ageno, Florencia, Olschki, 1990.

—,*Il Trecentonovelle*, edición de Emilio Faccioli, Turín, Einaudi, 1970.

Schmitt, Jean-Claude, *Les revenants: Les vivants et les morts dans la societé médiévale*, París, Gallimard, 1994.

Scripta Leonis, Rufini et Angeli sociorum s. Francisci, edición de R. B. Brooke, Oxford, Clarendon Press, 1970.

Sercambi, Giovanni, *Croniche*, edición de Salvatore Bongi, Lucca, Tipografia Giusti, 1892 (trad. cast.: *Crónicas de Lucca*, Madrid, A y N, 2006).

—,*Le illustrazioni delle croniche nel codice lucchese di Giovanni Sercambi*, edición de Ottavio Banti y Maria-Laura Testi-Cristiani, Génova, S. Basile, 1978.

Serventi, Silvano y Françoise Sabban, *La pasta: Storia e cultura di un cibo universale*, Roma y Bari, Laterza, 2000.

Settia, Aldo, «La "battaglia": un gioco violento fra permissività e interdizione», en Gherardo Ortalli (comp.), *Gioco e giustizia nell'Italia dei Comuni*, Treviso y Roma, Fondazione Benetton Studi Ricerche/Viella, 1994, págs. 121-132.

Settia, Aldo, «Ut melius doceantur ad bellum»: i giochi di guerra e l'addestramento delle fanterie comunali», en *La civiltà del torneo (secc. XII-XVII)*, actas del VII Convegno di Studio (Narni, 14-16 de octubre de 1988), Narni, Centro Studi Storici, 1990, págs. 79-105.

Slater, William J. (comp.), *Dining in a Classical Context*, Ann Arbor, The University of Michigan Press, 1991.

Spallanzani, Marco, «A Note on Florentine Banking in the Renaissance: Orders of Payment and Cheques», *The Journal of European Economic History*, vol. VII, 1978, págs. 145-168.

Storia della lettura nel mondo occidentale, edición de Guglielmo Cavallo y Roger Chartier, Roma y Bari, Laterza, 1995.

Storia della tecnologia, edición de Charles Singer y otros, Turín, Boringhieri, 1962.

Strada, Famianus, *De Bello Belgico*, Lugduni Batavorum, 1643.

Stussi, Alfredo, «Versi d'amore in volgare tra la fine del secolo XII e l'inizio del XIII» (con *Nota paleografica* de Antonio Ciaralli y Armando Petrucci, y *Nota musicologica* de Claudio Gallico), *Cultura neolatina*, vol. LIX, 1999, págs. 1-69.

Sugerii, «Libelus alter de consecratione ecclesiae Sancti Dionysii», en Erwin Panofsky, *Abbot Suger…*, Princeton, Princeton University Press, 1979.

[Tagliente], *Lo presente libro insegna la vera arte del Excellente scrivere de diverse varie sorti di litere… Opera del Tagliente…* Stampata in Vinegia per Pietro di Nicolini de Sabbio…, 1537.

Targioni Tozzetti, Giovanni, *Notizie degli aggrandimenti delle scienze fisiche accadute in Toscana nel corso di anni LX del secolo XVII*, Florencia, G. Bouchard, 1780, vol. II, págs. 49-62.

Die Tegernseer Briefsammlung, edición de Karl Strecker, Monumenta Germaniae Historica, *Epistulae selectae*, Berlín, 1925.

Testimonianze medioevali per la storia dei comuni del Monte Amiata, edición de Nello Barbieri y Odile Redon, Roma, 1989.

Tronzo, William, «Moral Hieroglyphs: Chess and Dice at San Savino in Piacenza», *Gesta*, vol. XVI, 1997, págs. 15-26.

Trost, Vera, *Skriptorium: Die Buchherstellung im Mittelalter*, Stuttgart, Belser Verlag, 1991.

Verger, Jacques, *Le università nel Medioevo* (1973), Bolonia, Il Mulino, 1991.

Villani, Giovanni, *Nuova Cronica*, edición de Giuseppe Porta, Parma, Guanda/Fondazione Pietro Bembo, 1990.

Westfehling, Uwe (comp.), *Die Messe Gregors des Grosse: Vision, Kunst, Realität*, Colonia, Schnutgen Museum-Köln, 1982.

Referencias iconográficas

— Ferrara, Pinacoteca Nacional: 42.

Palermo, Archivo de Estado: 44;

La reproducción fue realizada por concesión del Ministerio de Bienes y Actividades Culturales, Superintendencia de Bienes A.A.A.A.S. del Friuli-Venecia Julia, autorización prot. Nº 502 MAN Cividale del Friuli. Está prohibida la reproducción sin autorización del Ministerio de Bienes y Actividades Culturales: 83;

Badia di Cava de' Tirreni, Biblioteca de Badia: 84.

Reggio Emilia, Colección Bipop-Carire: 41.

Fabriano, Museo del papel y de la filigrana (www.museodellacarta.com): 45.

Venecia, Museos Cívicos Venecianos: 48.

© Biblioteca Apostólica Vaticana: 52, 94.

Por concesión del Ministerio de Bienes Culturales y Ambientales:

Superintendencia de Bienes Artísticos e Históricos de Florencia, Pistoia y Prato – Prohibida la reproducción

 – Florencia, Palacio Davanzati: 53;
 – Fiesole, Museo Bandini: 64;
 – Florencia, Uffizi: 72.
 – Florencia, Museo del Bargello: 81;
 – Florencia, Museo Horne: 88;
 – Lucca, Archivo de Estado (concesión protoc. nº 3536.V/9 de 25 de mayo de 2001) – Prohibida la reproducción: 95.

Forlì, Biblioteca Municipal «A. Saffi»: 56.

Foto Massimo Roncella: 60.

Foto Lucio Riccetti: 61a, 61b.

Bodleian Library, University of Oxford: 62.

Milán, Museo de la ciencia y de la técnica: 63.

Wolfenbüttel, Herzog August Bibliothek: 67.

Montecassino, Archivo de la Abadía: 68, 85, 86.

Por gentil concesión del Museum of Fine Arts, Boston. Reproducción autorizada. © 2000 Museum of Fine Arts, Boston. Todos los derechos reservados: 70.

Orte, Museo Diocesano: 71.

Nueva York, Metropolitan Museum of Art: 73.

Verona, Biblioteca Municipal: 74.

París, Musée du Louvre: 75, 76.

Archivos Alinari/Giraudon/Musée Condé, Chantilly: 77.

Ivrea, Biblioteca Capitular (autorización de 24 de mayo de 2001): 82.
Viena, Bildarchiv der ÖNB: 89.
Por concesión de la Bibliothèque Générale de l'Université de Liège: 90.
Viena, Kunsthistorisches Museum: 91.
Por concesión de The British Library, Londres: 97.
París, © Bibliothèque Sainte-Geneviève: 98.
Por concesión de los Museos Vaticanos: 100.
Documentación de la redacción: 1, 2, 4, 5, 19, 20, 22, 23, 27, 28, 29, 32, 38, 43, 46, 49, 50, 54, 59, 65, 66, 69, 78, 79, 87, 92, 96, 99.

Índice temático

Un viaje apasionante por la historia del amor en la época de los trovadores que muestra cómo vivían las personas este sentimiento.

Tristán e Isolda, Eloísa y Abelardo… El amor fue una inspiración divina para los autores de la Edad Media. Los trovadores proponían un nuevo arte de amar y elaboraron un «mapa de la ternura». Las obras literarias de la época nos hablan del amor, sin olvidar la sexualidad, puesto que los vecinos árabes poseían una cultura refinada del arte amoroso y todo esto terminó influyendo enormemente a sus contemporáneos medievales. Aunque, para la Iglesia, el amor era una pasión inquietante que hace perder la cabeza, el vínculo amoroso permaneció en el seno del matrimonio. Alcuino, en la primera mitad del siglo IX, no ocultó su inmenso dolor tras la muerte de su esposa. Se raptaba a las jóvenes, con su consentimiento, para propiciar las uniones que las familias rechazaban. Fuera del matrimonio el amor también triunfaba: sólo hay que recordar el concubinato de san Agustín, o la pasión demostrada por Romeo y Julieta…

Hay una Edad Media «fea», intolerante, violenta y pobre, de la que Jacques Le Goff habla sin rodeos.

Pero existe también, y sobre todo, una Edad Media «bonita», a la que los niños y jóvenes adoran. Es la de los caballeros y los torneos, los castillos y las catedrales, los juglares y los trovadores, las ferias y las peregrinaciones. La Edad Media es también la búsqueda del Grial, la leyenda de los caballeros de la Mesa Redonda, la novela de Tristán e Isolda, la Virgen María, los ángeles, los santos, las hadas y los monstruos, el combate de Carnaval y Cuaresma... Y, en definitiva, Europa nació en la Edad Media, época en la que se fraguó la unidad cultural de sus diversos países y lenguas.

«Si estudias la Edad Media, si contemplas el legado artístico que nos dejó, en seguida verás que era una época distinta de la nuestra y de lo que Europa es hoy. Tendrás la impresión de hacer un viaje al extranjero: a Egipto, la India, China, América central... No se trata de volver a la Edad Media, sino de recordar que los hombres y mujeres de aquel período son nuestros ancestros, que es un momento esencial de nuestro pasado, y que por ello un viaje a la Edad Media te dará el doble placer de conocer al otro y de encontrarte a ti mismo».

Jacques Le Goff, de las «Conclusiones»